티베트 사람들의

보리심 기도문

티베트 사람들의

보리심 기도문

청전 편역

불광출판사

무엇을 바꾸거나 조작하지 마라.
마법처럼 사라지고 다시 나타난다.
끝없이 사라지고 나타나는 것을
알아차려 보아라.

목
차

머리글 ··· **8**

- 삼보를 찬탄하는 기도 ··· **12**
- 공덕을 쌓고 업장을 소멸하게 하는 일곱 가지 ··· **15**
- 마음을 변화시키는 여덟 편의 시 ··· **19**
- 아침 발원문 ··· **22**
- 죄업을 참회합니다 ··· **24**
- 보리심을 간직하겠습니다 ··· **47**
- 자애경 ··· **56**
- 깨어 있는 마음으로 살펴보고 기억해야 하는 네 가지 ··· **59**
- 보살의 서른일곱 가지 수행 ··· **63**
- 연기 찬탄송 ··· **78**
- 어머니를 찾아 ··· **94**

보리심 기도문

- 람림 기도문   … **101**

- 자유롭고 편안하게   … **104**

- 진실의 말   … **108**

- 바르도의 공포에서 구원을 청하는 기원문   … **112**

- 바르도의 험로에서 구원을 청하는 기원문   … **118**

- 바르체 람쎌(장애를 없애는 기도문)   … **125**

- 불법이 흥성하기를 기원하는 기도   … **160**

- 성스러운 나란다 17 논사께 올리는 기원문   … **164**

- 일일 참회문   … **174**

- 달라이 라마 성하님의 무병장수를 기원하는 회향 기도   … **177**

- 회향기도   … **179**

여기에 티베트 많은 기도문 중에서 보리심을 일으키는 숭고
한 글과 귀한 게송들을 엮어 기도문집을 만들었다.

1989년 달라이 라마께서 노벨평화상을 받은 후 당신 소감의
말씀 끝에 아래와 같은 짧은 기도문으로 연설을 마치셨다.

허공계가 다하고
중생이 남아 있는 한
저는 이 세상에 머물면서
중생의 고통을 없애는 자로서 남겠습니다.

후에 알고 보니 이 기도 발원문은 샨티데바의 『입보리행론』
10장 55절의 게송이었다.

지금 우리는 어둡고 탁한 시대를 힘들게 살아가고 있다. 바른 사람들이 어디에 의지하고 어떻게 살아가야 할지 분간하기 어려운 시절에 우리는 매일을 중심 없고 그냥 살아가고 있다. 맑고 밝은 법이 드러나지 않아 희망이 없는 시대 속에서 어둡고 험한 가시밭길을 늘 맞이하고 있다.

이 글을 모아 엮은 저는 인도 다람살라 달라이 라마 어른 스님 곁에서 30여 년 수행 공부를 이어왔다. 그런 세월에 하나같이 주옥같은 글귀들을 읽을 때마다에 신심이 나고 새로운 각오로 희망찬 나날을 살아갈 수 있는 기도문을 한국 불자들에게 알리고 함께 익히고 공부한다면 여러 가지로 도움이 될 것을 확신하여 여기에 소중한 글들을 모았다.

세상이 아무리 어두워도 촛불 한 자루면 거뜬히 길을 나아갈 수 있듯이, 또 아무리 험한 가시밭길일지라도 가죽신 하나 잘 챙겨 신으면 거침없이 대지를 딛고 걸어갈 수 있듯이 우리는 이 험한 세상을 보리심 하나로 잘 살아갈 수가 있는 것이지 않은가?

여기에 있는 글들은 참 보리심을 일으키고 그에 맞는 실천행을 이끌 수 있는, 부처님 말씀(경론소)에 근거로 한 빼어난 것들이다. 이 글을 다 챙겨오면서 다람살라에 있는 스님들과 특히 달라이 라마 스님의 통역을 해오는 양지애 씨의 도움이 많았다. 또 원고 정리와 오탈자까지 다 잡아주신 여러 법우님들에게 감사의 말씀을 드린다.

이 글을 읽을 때마다에 누구나 원보리심을 일으키고 행보리심의 실천으로 착한 수행자로, 또 세세생생에도 불법의 길에 머무는 인연이 되기를 기원한다.

2021년 1월

강원도 영월땅 해탈의 정원
정광원(淨光苑) 초암에서
청전 합장

삼보를
찬탄하는
기도

세존, 여래, 응공, 명행족, 선서, 세간해, 조어장부, 무상사, 천인사, 정등각이신 부처님의 발에 머리 숙여 지극한 마음으로 예경합니다.

인간 가운데 가장 위대한 분, 태어나자마자 이 땅에 일곱 걸음 걸으시며 "천상천하유아독존"이라고 설하신 지혜로운 부처님께 예경합니다.

부처님의 몸은 청정하고 아름다우며
지혜는 바다와 황금산과 같고
명성이 삼계에 드높으신 중생의 구제자께 예경합니다.

달과 같이 티 없는 얼굴, 수승한 상호 황금빛의 부처님께 예경합니다.
완전무결하기로 삼계에 비할 자 없는 최고의 성인 부처님께 예경합니다.

대자대비하신 보호주
모든 것을 아시는 일체지자 공덕의 바다 불보에 예경합니다.

청정함은 탐욕에서 멀어지게 하고
선업은 악도에서 벗어나게 하며
오직 하나의 진리, 적정으로 안내하는 법보에 예경합니다.

다른 이들을 해탈의 길로 안내하고 삼학●01의 실천을 지극히
공경하며 공덕의 터전이 되는 승보에 예경합니다.

어떠한 악업도 짓지 않고 선업만을 행하며
자신의 마음을 온전히 다스리는 이것이 바로 부처님의 법이다.
별·눈병·등불·허깨비·이슬·물거품 꿈·번개, 구름과 같이
모든 유위법을 이같이 보라!
이 같은 공덕으로 일체종지 이루고 장애가 되는 것을 물리치
고 생로병사의 파도가 휘몰아치는 윤회 바다에서 벗어나게
하소서!

01   계학(戒學)·정학(定學)·혜학(慧學)

공덕을 쌓고
업장을
소멸하게 하는
일곱 가지

칠지공양
(七支供養)

시방삼세 여래들이시여,
인간들 중에 가장 위대한 분들께
저는 몸과 말과 마음을 다 바쳐 예경합니다.

보현행원의 힘으로
세상의 티끌 수만큼 몸을 나투어
모든 부처님께 지극정성으로 절합니다.

한 알의 티끌 위에 놓인 티끌의 수만큼
부처님과 보살님들이 계시고
이같이 법계를 불보살님들께서 가득 채우셨으니
바다와 같이 다함없는 모든 아름다운 소리로
모든 부처님의 공덕을 분명하게 말하고
모든 여래를 찬탄합니다.

아름다운 꽃과 화환, 최고의 노래와 유향
일산, 등불, 훈향으로
모든 부처님께 공양 올립니다.

좋은 옷과 향과 향낭을
수미산과 같이 쌓아서
장엄한 공양물들로
모든 부처님께 공양 올립니다.

광대하고 수승한 공양물들을
모든 부처님을 향한 신심과
보현행원을 믿는 힘으로
모든 부처님께 바치며 예경합니다.

탐진치 번뇌로 인해
몸과 말과 마음으로써
제가 지은 모든 죄업을
낱낱이 참회합니다.

시방의 부처님과 보살님,
독각·성문·유학·무학·중생들이 지은
모든 공덕을 수희찬탄합니다.

애착을 여의고 무상정등각을 이루신
시방세계의 등불들 중생들을 구제하는 모든 분들께
무상법륜 설해주시길 간청합니다.

열반에 드시려는 부처님들께
일체중생의 이익과 안락을 위해
세상의 티끌의 수만큼 무한 겁을 머물러주시길
합장하며 간청합니다.

절하고, 공양하며, 참회하고, 수희하며, 권청하고,
발원하여 지은 저의 작은 선업마저도 전부 깨달음을 위해
회향합니다.

●
칠지공양에서 말하는 일곱 가지는 다음과 같다.
1. 절하기
2. 공양물 올리기
3. 참회하기
4. 수희찬탄하기
5. 부처님께 법륜을 굴려주실 것을 청하기
6. 부처님께서 오래도록 머물러주시길 청하기
7. 회향하기

마음을
변화시키는
여덟 편의
시

게셰 랑리 탕빠
(Geshe Langri Thangpa, 1054~1123)

여의주보다 더 빼어난
모든 중생들에게
지극한 행복 이루길 다짐하며
항상 그들을 섬기게 하소서.

언제 누구와 함께 있더라도
저를 누구보다도 낮은 사람으로 여기고
그들을 변함없는 마음으로써
가장 높은 사람으로 소중히 섬기게 하소서.

모든 행동에서 제가 한결같기를
자타를 상하게 하는
번뇌 망상이 일어나자마자
바로 보고 분연히 버리도록 하소서.

격렬한 행동으로 물든 중생들
사악해진 사람을 본다면
마치 귀중한 보물을 얻은 것처럼
그들을 더욱 소중히 모시게 하소서.

저를 미움과 시기 질투로
속이고 꾸짖고 사악할지라도
손해는 내가 받아들이고
그들에게 승리를 돌리게 하소서.

내가 늘 잘 대해주면서 도와왔고
큰 기대를 걸었던 사람이
비록 나에게 심한 해를 끼칠지라도
그들을 나의 무상의 스승으로 보게 하소서.

요약하자면 직접적으로 간접적으로
어머니와 같은 모든 중생들에게 이익과 기쁨을 드릴지니
그들 모든 중생들의 불행과 고통을
아무도 모르게 내가 기꺼이 떠맡아 안게 하소서.

이런 모든 것 또한 세속팔풍의
번뇌의 더러움으로 오염되지 않고
모든 것을 환영으로 아는 지혜로써
집착 없는 속박에서 벗어나게 하소서.

●
달라이 라마 성하께서는 매일 아침에 이 발원문을 암송하신다.

아침
발원문

달라이 라마
(1935~)

오늘 잠에서 깨어나

이렇게 살아 있는 것은 행운입니다.

나는 귀하고 얻기 어려운

인간의 몸을 가지고 있습니다.

오늘 하루를 낭비하지 않겠습니다.

최선을 다해 나를 영적으로 발달시키고

남들에게 나의 마음을 열고

모든 중생을 위해서 해탈을 이루겠습니다.

나는 남들에 대해 좋은 생각을 가질 것이며,

오늘 화를 내거나

남들에 대해서 안 좋게 생각하지 않을 것입니다.

할 수 있는 만큼 힘껏 남을 돕겠습니다.

●

세첸코리아 기도집에서 발췌

죄업을
참회
합니다

『입보리행론』
제2장
「죄업 참회품」

샨티데바
(Shantideva, 685~763)

1

보배로운 이 마음을 간직하고자

모든 여래와 정법과

티 없는 삼보와 불보살의

공덕의 바다에 지성으로 공양 올립니다.

2

존재하는 모든 꽃과 과일과

갖가지 약초와

세상에 있는 모든 귀한 보석과

또 세상의 맑고 향기로운 청정수

3

보석으로 장식된 수미산과 같이

숲으로 에워싼 고요하고 아름다운 대지와

늘 푸르며 꽃으로 장식된 가지마다

미묘한 열매가 달린 나무들

4

천상계의 꽃다운 향기와

향과 여의수(如意樹)와 보배로운 나무들

연꽃이 만발한 호수와 연못에

백조의 아름다운 소리가 있고

5

전설 속에 익어가는 풍요로운 곡식과

또 다른 공양 올릴 만한 장식품과

허공계 끝까지 가득 채울

주인 없는 모든 것

6

저는 마음으로 이 모든 것을 관(觀)하여

수승한 부처님과 보살님들께 헌공하옵니다.

성스러운 복전(福田)의 자비하신 분들께서는

저를 어여삐 여기시어 이 모든 것을 받아주소서.

7

저는 복덕이 없고 가난합니다.

공양 올릴 만한 어떤 재물도 가진 것이 없습니다.

그러나 당신은 이타행만 생각하시는 보호자이시니

당신의 위신력(威神力)으로 저의 이 모든 것을 받아주소서.

8

저는 부처님과 보살님들께

내 온몸을 영원히 올립니다.

유정 중에 최고의 영웅이시여, 저를 받아주소서.

공경하는 당신의 백성으로 귀의하게 하소서.

9

저는 당신께서 완전히 지켜주신다면

윤회계에서 중생을 위해 두려움 없이 노력하고

전에 지은 악업을 완전히 넘어서

다시는 다른 죄악을 짓지 않겠습니다.

10

깨끗한 방에 미묘한 향기 가득하고
유리로 덮인 대지가 빛나고 번쩍이는 것과 같이
보석으로 빛나는 찬란한 기둥과
진주로 수놓아 아롱거리는 청정을 갖춘 곳에서

11

부처님과 보살님들께
수많은 보병에 향수를 가득 채워
노래와 음악과 함께
목욕시켜드리기를 원하옵니다.

12

그리고 비할 수 없이 좋은 천
깨끗하고 향이 스민 수건으로 당신들의 몸을 닦아드리리다.
그리고 거룩한 이들께 어울리는
아주 좋은 향기가 스민 옷을 올리오리다.

보리심 기도문

13

아름답고 얇고 부드러운 옷가지와

진귀한 보석이 박힌 수많은 장신구로

거룩한 보현보살 문수보살

관세음보살도 함께 장식하오리다.

14

삼천대천세계에 향기가 배게 하는

가장 좋은 향료로 모든 부처님의 몸을

정제한 황금으로 닦아내듯이

빛나는 그것들을 바르오리다.

15

공양처(供養處) 중의 공양처이신 고귀한 부처님께

아름다운 만다라꽃과 연꽃

우담바라꽃 등 향기로운 모든 것과

그윽하고 아름다운 꽃타래로 공양을 올립니다.

16

마음을 앗아가는 최고의 향이 가득한
향기로운 구름 또한 올리며
드시고 마시는 여러 가지 천상의 맛있는 음식도
당신께 공양 올리오리다.

17

황금빛 연꽃 봉우리를 차례로 엮고
가없는 보석의 등불도 올리오리다.
대지를 고르고 향으로 발라서
거기에 향기로운 꽃잎을 흩어 뿌리오리다.

18

흥겨운 찬탄가가 맴도는 무량궁에는
귀한 진주 보석이 아롱거리며 빛나고
무한한 허공을 모두 장엄하여 이 또한
대자비의 근본이신 당신께 올리오리다.

보리심 기도문

19

황금의 손잡이를 가진 아름다운 보배 우산은

둘레를 여러 장식으로 멋지게 치장하여

우아한 모양으로 보기 좋게 들고서

항상 모든 부처님께 올리고자 합니다.

20

그와 다른 것 또한 공양을 올리니

청아한 소리를 내는 악기와 함께

중생의 고통을 가시어주는

구름이 처처에 머무르게 하소서.

21

모든 고귀한 법보와

불탑과 불상에

보배로운 꽃 등의 비가

끊임없이 내리게 하소서.

22

문수보살과 여러 보살이

모든 부처님께 행하신 대로

저도 그와 똑같이

모든 여래와 보살님들께 공양 올립니다.

23

저는 여러 가지 음성과 곡조로

공덕의 바다이신 [부처님을] 찬탄합니다.

감미로운 찬탄의 구름이 당신들께

여실히 모두 나타나게 하소서.

24

시방삼세의 모든 부처님과

법과 거룩한 무리들에게

우주의 먼지만큼 수많은

몸을 나투어 제가 절 올립니다.

25

보리심의 터전과
불탑에 절 올리며
대덕의 큰 스승과
수승한 수행자들께 절 올립니다.

26

정수의 깨달음을 이룰 때까지
부처님께 귀의합니다.
정법과 보살님의 무리에게도
그와 똑같이 귀의합니다.

27

시방의 모든 곳에 머무시는
완전한 부처님과 보살들
큰 자비 지니신 모든 분께
저는 두 손 모아 청하옵니다.

28

시작도 끝도 없는 윤회 속에서
금생과 또 다른 생에서
내가 모르고 지은 허물과
시켜서 짓게 한 죄악

29

무명의 어리석음으로 저를 누르고
부화뇌동(附和雷同)하여 저지른
이런 허물을 보면서
진심으로 수호자께 참회합니다,

30

저는 삼보 앞에
부모와 스승과 이웃들에게
번뇌의 문(門)인 몸과 말과
마음으로 저지른 모든 악행

31

수많은 잘못으로 허물이 생겨
악해진 제가 범한 잘못들이
너무나 참기 힘드니
모두를 이끄시는 분들께 참회합니다.

32

제가 지은 죄악을 씻기도 전에
먼저 죽음으로 끝나버릴지도 모릅니다.
이에서 벗어날 때까지
속히 저를 구원해주시옵소서.

33

믿을 수 없는 이 저승사자는
우리 일을 다했건 못했건 간에
내가 병들었거나 병들지 않았거나
예고 없이 찾아드니 믿을 수가 없습니다.

34

모든 것을 버리고 홀로 떠나야 하는데
제가 이전에 이것을 알지 못하여
좋아하는 사람이나 미운 사람 때문에
여러 죄를 지었습니다.

35

[세월이 흐르면] 미운 사람도 사라질 것이요
좋아하는 사람도 사라질 것입니다.
나도 또한 사라질 것이니
이와 같이 모든 것이 없어질 것입니다.

36

꿈을 꾼 것이나 다름없이
내가 좋아했고, 쓰던 물건 어떤 것들도
기억으로만 남을진대
지나간 모든 것은 다시 볼 수 없게 됩니다.

37

이 짧은 삶에서 또한
좋아했고 미워했던 많은 사람들이 죽어갔고
그들 때문에 저지른 없앨 수 없는 죄악만이
사라지지 않고 앞에 남아 있습니다.

38

이같이 이 삶은 짧고
갑자기 언제 죽을지도 제가 알아차리지 못하고
무명과 집착과 화냄으로써
많은 죄악만 저질렀습니다.

39

낮과 밤은 머물러 있지 않고
이 삶은 항상 줄어만 가며
결코 늘어나거나 길어지지 않으니
어찌 죽음이 오지 않겠습니까?

40

제가 침상에 눕게 되면
친구와 친척들에게 둘러싸여 있을지라도
숨이 끊어질 때의 느낌은
저 혼자만이 겪어야 합니다.

41

저승사자에게 붙잡혔을 때
친척이나 친구가 무슨 도움이 되오리까?
그때는 공덕만이 저를 지켜줄 것인데
저는 이 역시도 쌓지 못하였습니다.

42

보호자이신 부처님이시여!
방일한 저는 이런 공포를 알아차리지 못하고
이 무상한 삶만을 위하여
수많은 악행을 저질렀습니다.

보리심 기도문

43

누구든 손발이 잘릴 곳으로

오늘 끌려가게 되면 두려움에 떨고

입은 마르고 눈은 캄캄해지는 등

그의 꼴은 완전히 변하고 마는데

44

[하물며] 무서운 저승사자인

채찍을 든 이에게 붙잡혔을 때

큰 공포에 사로잡힌

처절하고 불쌍한 꼴은 말해 무엇하겠습니까?

45

누가 이 무서운 공포에서

저를 온전히 구해주겠습니까?

놀란 눈을 부릅뜨고

사방을 둘러보며 도움을 구해보지만

46

천지사방에 저를 보호해줄 이 없음을 보고 나면
저는 완전히 처참해질 것입니다.
그곳에서 구원을 찾지 못하면
그때 저는 무엇을 할 수 있겠습니까?

47

그러므로 저는 세상을 보호하려고 애쓰시며
큰 위신력으로 모든 두려움을 없애주시는
중생의 보호자이신 부처님께
오늘부터 진정으로 귀의합니다.

48

윤회의 두려움을 없애주시는
이들이 성취하신 법과
보살의 성스러운 무리께도
이와 같이 저는 진심으로 귀의합니다.

49

저는 두려움에 떨면서
보현보살께 자신을 바칩니다.
문수보살께도 또한
저의 이 몸을 올리옵니다.

50

오류 없이 자비를 행하시는
구원의 관세음보살께도
가련한 울부짖음으로 외치나니
죄 많은 저를 보호해주시옵기를 기원합니다.

51

성스러운 허공장보살과
지장보살께
그리고 모든 큰 자비 지닌 무리께
간절한 마음으로 구원을 부르짖습니다.

52

누구나 보기만 해도 무서워하는
염라왕의 사자(使者)와 지옥의 옥졸 등이
두려워하며 사방으로 줄달음치는
금강지보살께도 귀의합니다.

53

이전에는 당신의 말씀을 어겼습니다.
그러나 지금은 이 큰 두려움을 보았으니
당신께 귀의합니다.
속히 이 두려움 없애주시기를 기원합니다.

54

하찮은 질병에도 겁을 먹고
의원(醫員)의 말대로 따라야 하는데
하물며 탐욕과 같은 수많은 허물의 질병을
끊임없이 심고 있으니 말해 무엇하겠습니까?

55

한 가지 죄악만으로도
세상 사람 모두 쓸어간다면
이것을 치료할 약은
세상천지 어디에서도 얻지 못하나니

56

이에 모든 것을 잘 아는 의원이 있어
일체 아픔을 없애준다고 해도
의원의 말대로 행하지 않는다면
지극히 어리석고 부족한 사람입니다.

57

조그만 낭떠러지일지라도
조심스러운 행이 필요한데
하물며 천길의 긴 낭떠러지는
말해 무엇하겠습니까?

58

설령 오늘 당장 죽지 않는다고 해서
편하게 지낸다는 것은 당치 않습니다.
제가 분명 죽어야 하는 그 순간은
틀림없이 올 것입니다.

59

누가 나의 두려움을 없애줄 수 있으랴!
이곳에서 어떻게 확실하게 벗어날 수 있으랴!
끝내 소멸하고 말 것인데
어찌 내 마음이 편하겠는가!

60

지난날 즐겼던 향락 중에
지금 나에게 남은 것은 무엇인가?
나는 그것들을 크게 탐하여
스승의 말씀을 어겼으니

61

이렇게 삶을 낭비한 것처럼

친척과 친구를 버리고

나 홀로 알지도 못하는 곳으로 가야만 하나니

친구와 원수, 모두 무슨 소용이 있단 말인가!

62

선하지 않은 데서 고통이 생기나니

여기서 어떻게 확실히 벗어나야 하는지

밤낮으로 저는

오직 이것만을 생각함이 마땅합니다.

63

저의 알지 못한 무명으로

성죄(性罪) ● 01와

차죄(遮罪) ● 02를

저지른 여러 가지 잘못을

64

부처님 앞에 나아가 합장하고

고통을 두려워하는 마음으로

거듭 절을 하면서

이 모든 것을 참회합니다.

65

[중생을] 이끌어주시는 이여

저의 죄와 잘못을 어여삐 받아주소서.

이렇게 선하지 않기에

저는 앞으로 다시는 죄와 잘못을

저지르지 않겠나이다.

01 선한 본성을 범하는 경우 바로 성립하는 죄로 살생, 도둑질, 음행, 거짓말 등이다.
02 자체가 죄가 되지는 않지만 그로 인해 다른 죄악을 저지르는 죄다.

보리심을
간직
하겠습니다

『입보리행론』
제3장
「보리심 전지품」

샨티데바
(Shantideva, 685~763)

1

삼악도(三惡道)에 [빠진] 일체 유정의 고통

그것을 쉬게 하는 모든 선행과

고통에 시달리는 모든 이의 안락처에

기쁨으로 함께(隨喜讚歎)합니다.

2

깨달음의 씨앗인 선업을 쌓는

그곳에 기쁨으로 함께합니다.

몸 가진 윤회의 고통에서 완전히 벗어나는 것에

기쁨으로 함께합니다.

3

보호해주시는 분들의 깨달음과

보살들의 경지에도 기쁨으로 함께합니다.

보리심 기도문

4

모든 중생에게 안락을 주는

발심(發心) 선법(善法)의 바다와

중생을 이롭게 하심에

기쁨으로 함께합니다.

5

시방의 부처님께

두 손 모아 바라오니

어둠 속을 헤매는 중생 앞에

법의 등불을 밝혀주시길 비옵니다.

6

열반에 드시려는 부처님께

두 손 모아 간구하오니

이 눈먼 중생을 [그대로] 남겨두지 마시고

영겁토록 머무시길 비옵니다.

7

이와 같이 행한 모든 것에서
제가 쌓은 모든 공덕
이것으로 일체중생의 모든 고통이
완전히 가져지기를 비옵니다.

8

이 세상의 중생에게 병이 있는 한
병에서 완전히 나을 때까지
저는 약과 의사와
그들의 간병자로 남기를 바라옵니다.

9

먹을 것과 마실 것의 비가 되어
굶주리고 목마른 자의 고통을 없애주며
길고 긴 기근의 시절에도
제가 [중생의] 먹고 마실 것이 되게 하소서.

보리심 기도문

10

절망하고 가난한 중생에게

제가 다함없는 재물이 되고

그들에게 필요한 여러 가지 도구가 되어

그들 곁에 항상 머물게 하소서.

11

[나의] 몸과 써야 할 모든 것과

삼세에 쌓아 올린 모든 선업까지도

모든 중생의 성취를 위해서라면

아낌없이 모두 다 주겠나이다.

12

모든 것을 버려야 고통을 넘어서게 되고

내 마음도 고통이 없는 경지를 이루게 됩니다.

모든 것을 포기함과 동시에

그것을 중생들에게 베푸는 것이 가장 좋은 일입니다.

13

저는 이 몸 전체를
중생이 바라는 대로 맡기렵니다.
항상 죽이고 욕하고 때리는 등
무엇을 하더라도 [그대로] 받아들이겠나이다.

14

내 몸을 가지고 장난질하며
꾸짖고 비웃는 재료로 쓸지라도
이미 이 몸은 그들에게 준 것이니
이를 아낀들 무슨 소용이 있겠습니까?

15

그들에게 해를 끼치는 일이 아니라면
어떤 일이라도 하겠나이다.
내가 언제라도 기쁨이 될지언정
의미 없는 일이 되지 않게 하여주소서.

보리심 기도문

16

나로 인해 어느 누구라도
화를 내거나 믿는 마음이 생겨난다면
그 자체가 항상
그들에게 이익이 되는 원인이 되게 하소서.

17

모두가 나를 나쁘게 말하고
다른 이가 [나를] 해롭게 하며
그처럼 조롱해도 좋습니다.
이 모든 것이 깨달음을 이루는 인연이 되게 하소서.

18

저를 의지할 곳 없는 이의 의지처가 되고
길 가는 이의 안내자 되고
물을 건너는 사람의 배가 되고
뗏목이나 다리가 되게 하소서.

19

저는 섬을 찾는 이에게 섬이 되고
등불을 구하는 이에게는 등불이 되며
침구를 원하는 자에게 침구가 되고
종(奴婢)을 구하는 모든 이의 종이 되고자 합니다.

20

여의주(如意珠)나 행운의 보병(寶甁)이 되며
진언이나 효험(效驗)있는 약이 되고
모든 이의 여의수(如意樹)가 되며
몸을 가진 모든 이가 원하는 것을 주겠나이다.

21

대지(大地) 등의 원소[大種]가 되며
허공과도 같이 항상하고
무량의 중생에게
그들 삶을 위한 갖가지 바탕이 되게 하소서.

　　　　　　　　　　　　　　　　보리심 기도문

22

허공 끝에 이를 때까지

갖가지 모든 중생계에도

그들 모두가 고통에서 벗어날 때까지

제가 그들 삶의 근원이 되게 하소서.

●
달라이 라마께서는 여러 차례『입보리행론』제 2장 전체와
제 3장 22절까지를 매일 소리 내어 읽고
발원하는 기도문으로 한다면 유익하다고 말씀하셨습니다.

자애경

『숫타니파타』 중

사물을 통달한 사람이 평화로운 경지에 이르러

해야 할 일은 다음과 같습니다.

유능하고 정직하고 말씨는 상냥하고 부드러우며

잘난 체하지 말아야 합니다.

만족할 줄 알고 많은 것을 구하지 않고

잡일을 줄이고 생활을 간소하게 하며

모든 감각이 안정되고 지혜로워

마음이 흐트러지지 않으며

남의 집에 가서도 욕심을 내지 않습니다.

현명한 사람들로부터 비난을 살 만한

비열한 행동을 결코 해서는 안됩니다.

살아 있는 모든 것은

다 행복하라, 평안하라, 안락하라.

어떠한 생물일지라도

약하든 강하든 굳세든

그리고 긴 것이든 짧은 것이든

중간치든 굵은 것이든 가는 것이든

또는 작은 것이든 큰 것이든

눈에 보이는 것이든 보이지 않는 것이든

멀리 살고 있는 것이든 가까이 살고 있는 것이든

이미 태어난 것이든 앞으로 태어날 것이든
살아 있는 모든 것은 다 행복하여라.
어느 누구도 남을 속여서는 안 됩니다.
또 어디서나 남을 경멸해서도 안 됩니다.
남을 골려줄 생각으로 화를 내어
남에게 고통을 주어서도 안 됩니다.
마치 어머니가 목숨을 걸고 외아들을 지키듯이
모든 살아 있는 것에 대해서 한량없는 자비심을 발해야 됩니다.
또한 온 세계에 대해서 무한한 자비를 행해야 됩니다.
위로 아래로 옆으로
장애도 원한도 적의도 없는 자비를 행해야 됩니다.
서 있을 때나 길을 갈 때나
앉아 있을 때나 누워서 잠들지 않는 한
이 자비심을 굳게 가져야 합니다.
이 세상에서는 이러한 상태를 신성한 경지라 부릅니다.
온갖 빗나간 생각에 흔들리지 말고
계율을 지키고 지혜를 갖추어
모든 욕망에 대한 집착을 버린 사람은
다시는 인간의 모태에 드는 일이 없을 것입니다.

●
세첸코리아 기도집에서 발췌

깨어 있는
마음으로
살펴보고
기억해야 하는
네 가지

사억념도정가
(四憶念道情歌)

롭상 깰상 갸초
(Kelzang Gyatso, 1708~1757)

1

방편과 지혜 두 가지를 다 갖춘, 변함없는 상좌(上座:玉座)에

모든 귀의의 대상(本處)이신, 은혜로우신 스승께서 앉으셨네.

단증(斷證)●01 하고 원만하신 부처 한 분, 거기에 계시니,

잘못된 생각을 버리고 맑은 마음(淨相)으로 기도(啓請)하라.

자신의 마음을 방치하지 말고 존경과 믿음 속에 안주하라.

억념(憶念)을 잊지 말고 존경과 믿음 속에 간직하라.

2

생사윤회의 끝없는 고통의 감옥에서

안락을 잃은 여섯 종류의 유정(有情)이 떠도네.

은혜로이 [우리를] 기르시던 부모님들 거기 계시니,

집착과 증오를 버리고 애정과 자비를 기르라.

자신의 마음을 방치하지 말고 자비 속에 안주하라.

억념(憶念)을 잊지 말고 자비 속에 간직하라.

3

평온을 느끼는 극락(極樂)의 무량궁(無量宮),

온(蘊)과 계(界)가 청정한 이 몸에 신성한 몸이 계시니,

삼신(三身)과 둘이 아닌 본존(本尊) 한 분 거기 계시네.

평범하게 여기지 말고 자부심과 명료함을 연마하라.

자신의 마음을 방치하지 말고 깊은 밝음 속에 안주하라.

억념(憶念)을 잊지 말고 깊은 밝음 속에 간직하라.

4

드러나 있는(現象) 인식의 대상(所知)인 만다라(漫茶羅:道場)에는

법의 성품 자체인 해 밝은 허공이 가득하고,

표현할 길 없는 절대법칙(絶對法則:眞諦) 하나 거기 있으니,

망상을 버리고 청정한 공성의 본래 성품을 보라.

자신의 마음을 방치하지 말고 진여 속에 안주하라.

억념(憶念)을 잊지 말고 진여 속에 간직하라.

5

여섯 가지 의식(意識)들이 다양하게 나타나는 교차로에서

자신의 마음을 소홀히 하여 법의 성품을 제대로 보지 못하누나.

속임수 환영인 연극 한 편 거기 있으니,

진리로 생각 말고 공성(空性)의 본래 성품을 보라.

자신의 마음을 방치하지 말고 밝은 공성 속에 안주하라.

억념(憶念)을 잊지 말고 밝은 공성 속에 간직하라.

●

명중당(明中堂) 최로덴(연철) 박사 번역.

01 모든 번뇌 망상을 끊고 수승한 경지를 검증한 수행의 경지.

보살의 서른일곱 가지 수행

보살 37도품

톡메 쌍뽀
(Thogme Sangpo, 1295~1369)

관세음보살께 귀의합니다.

그 어떤 모든 법도 가고 옴이 없음을 보지만

중생을 위한 한곳으로 정진하시는

빼어난 스승님과 보호존 관세음보살께

항상 삼문(三門)●01으로 정성을 다 바쳐 귀의합니다.

복락의 근원을 모두 이루신 부처님께서

정법을 성취하고 나셨으니

이에 그분들의 수행을 알음에 의지해서

보살의 수행법을 설명하고자 합니다.

1

얻기 힘든 가만(暇滿)의 큰 배를 얻은 이때에

나와 남을 윤회의 바다에서 벗어나기 위해

밤과 낮으로 게으르지 않는 것인

문사수(聞思修)를 실천함이 보살의 수행입니다.

2

친구를 향한 애착은 파도처럼 요동하고

적을 향한 증오는 불처럼 타오르며

취할 것과 버릴 것을 잊게 하는 무명은 깜깜한 어둠과 같으니

고향을 떠나는 것이 보살의 수행입니다.

3

나쁜 고장을 떠남으로 번뇌는 점차 줄어들고

산란함이 없기에 선행은 저절로 늘어나니

맑은 정신으로 법에 확신이 나니

적정처에 의지하여 머무는 것이 보살의 수행입니다.

4

오랫동안 친했던 친구들과 각각 헤어지고

애써 얻은 재물을 뒤로 한 채로

몸이라는 숙소에서 의식의 손님이 떠나가니

금생에 대한 집착의 마음을 버리는 것이 보살의 수행입니다.

5

누군가와 함께하면 삼독은 늘어나고
문사수를 행함은 기울게 되니
자비와 연민을 사라지게 하는
나쁜 친구를 멀리하는 것이 보살의 수행입니다.

6

누군가와 가까이 하면 잘못은 줄어들고
공덕은 차오르는 달처럼 늘어나게 되니
바른 선지식을 자기의 몸보다 더
귀중히 여기는 것이 보살의 수행입니다.

7

자신도 윤회의 감옥에 얽어매 있는
세속의 신이 누구를 보호할 수 있을까나.
그러므로 누구나 의지하면 속임 없는 곳
삼보에 귀의함이 보살의 수행입니다.

8

아주 참기 힘든 악취의 고통들은

악업의 과보라고 능인(能仁)●02께서 말씀하셨다네.

그러므로 목숨을 걸고라도 악업은

결코 하지 않음이 보살의 수행입니다.

9

삼계의 안락은 풀잎 위의 이슬과 같이

잠깐 사이로 사라지는 법인 것이니

결코 변함이 없는 최상의한 해탈의 경지를

간절히 추구하는 것이 보살의 수행입니다.

10

무시이래로 나에게 자애로웠던

어머니들이 고통 받고 있다면 나만 행복해서 무엇하리오.

그러므로 가없는 중생들을 제도하기 위하여

보리심을 일으키는 것이 보살의 수행입니다.

11

모든 고통은 자기의 안락을 위해 생겼고

원만하신 부처님은 남을 위한 마음에서 나셨으니

그러므로 나의 안락과 남의 모든 고통을

완전히 뒤바꾸는 것이 보살의 수행입니다.

12

누군가 큰 욕망의 힘으로 나의 재물을

모두 빼앗아가거나 빼앗기게 한다 해도

몸과 재산 삼세의 모든 복덕을

그에게 회향하게 하는 것이 보살의 수행입니다.

13

나에게 잘못이 조금도 없는데

누군가 나의 머리를 베어버린다 할지라도

자비의 힘으로서 그들의 죄업을

내가 받는 것이 보살의 수행입니다.

14

누군가 나를 듣기 싫은 갖가지로 비방하고
삼천대천세계에 두루 소문나게 할지라도
자애로운 마음으로 다시 그의
공덕을 말하는 것이 보살의 수행입니다.

15

많은 사람이 모여 있는 가운데서 누군가가
나의 감춰진 잘못을 까발리고 악한 말을 할지라도
그를 선지식으로 생각해서
겸손으로 공경하는 것이 보살의 수행입니다.

16

나의 자식처럼 사랑으로 돌보던 사람이
나에게 원수처럼 대한다 할지라도
병든 자식을 돌보는 어머니처럼
더욱 더 사랑으로 대함이 보살의 수행입니다.

17

자신과 같거나 외려 부족한 사람이
아만(我慢)의 힘으로서 나를 무시한다 해도
스승과 같이 존경으로
나의 정수리에 모시는 것이 보살의 수행입니다.

18

삶이 빈곤해서 항상 사람에게 무시당하고
힘겨운 병마로 드러눕는다 해도
모든 중생의 죄와 고통을 내가 짊어지며
겁먹고 좌절하지 않는 것이 보살의 수행입니다.

19

명성이 퍼지고 많은 사람이 머리로 공경하며
다문천왕의 보물만큼 얻는다 해도
세속의 재물은 허망함을 보고서
자만하지 않는 것이 보살의 수행입니다.

20

내 안의 분노라는 적을 다스리지 못한다면

바깥의 적을 조복받는다 해도 (적은) 늘어만 가리니

때문에 자비와 연민의 군대로

내 의식의 흐름(自相續)을 다스리는 것이 보살의 수행입니다.

21

욕계 오감의 욕망은 소금물과 같아서

즐기는 만큼 더 갈증만 늘어가니

무언가에 애착을 일으키는 사물은

지금 바로 끊는 것이 보살의 수행입니다.

22

어떤 식으로 (대상이) 나타나든 이 모든 것은 자신의 마음일 뿐

마음의 성품은 본래 희론의 극단을 벗어난 것이니

이것을 알아차리고 객체와 주체의 개념적 표상을

마음에 짖지 않음이 보살의 수행입니다.

23

마음에 드는 경계를 만난다 해도
여름날의 무지개와 같이 아름답게 보인다 해도
실제를 볼 수 없듯이
애착을 버리는 것이 보살의 수행입니다.

24

갖가지 고통은 꿈속에서 자식이 죽는 것처럼 환(幻)을 진실로
여기는 것.
아! 피곤하여라.
그러므로 역연(逆緣)을 만날 때
미혹하는 착란으로 보는 것이 보살의 수행입니다.

25

깨달음을 구하고자 몸까지도 버려야 한다면
외부의 사물이야 말할 필요가 있을까.
하니 과보나 이익을 바라지 않고
보시를 하는 것이 보살의 수행입니다.

26

계율 없이는 자신도 이롭게 못하면서
타인을 이롭게 하려는 바람은 웃음거리,
고로 윤회계를 갈망하지 않고서
계율을 지키는 것이 보살의 수행입니다.

27

복덕의 수용을 바라는 보살에게는
해롭게 하는 모든 것을 값진 보물과 같이 보아
어떤 것에라도 모두에게 원망의 마음이 없이
인욕을 수행하는 것이 보살의 수행입니다.

28

자신의 이익만을 이루려는 성문이나 연각도
머리의 불을 끄듯이 정진하는 것을 본다면
모든 중생을 위하는 공덕의 근원인
정진에 힘쓰는 것이 보살의 수행입니다.

29

지(止)를 잘 갖춘 관(觀)으로서
번뇌를 완전히 멸함을 알고서
사무색계(四無色界)를 완전히 초월한
선정을 익히는 것이 보살의 수행입니다.

30

지혜가 없는 다섯 가지 바라밀은
완벽한 깨달음을 성취할 수 없으니
방편을 갖추고 삼륜을 분별하지 않는
지혜를 익히는 것이 보살의 수행입니다.

31

자신의 미혹을 자신이 알아차리지 못한다면
법을 행하는 자의 몸으로서 법 아닌 것을 행할 수 있으니
항상 자신의 미혹함을 세밀하게 알아차려
끊어버리는 것이 보살의 수행입니다.

32

번뇌에 끄달려 이웃 다른 보살들의

허물을 말한다면 자신이 기울게 되니

대승의 길에 들어선 사람의 허물을

말하지 않는 것이 보살의 수행입니다.

33

재물 등의 이익과 명예 때문에 서로 다툰다면

문사수를 행함이 쇠락하기에

친척집과 시주집들에 대한

탐착을 끊는 것이 보살의 수행입니다.

34

거친 말로서 타인의 마음을 흩트려 놓으면

보살의 품행은 기울게 되리니

다른 이의 마음에 즐겁지 않는

거친 말을 끊는 것이 보살의 수행입니다.

35

번뇌에 익숙해지면 대치법으로도 막기가 어려우니
정념과 정지하는 사람이 대치법이라는 무기를 쥐고서
탐욕 등의 번뇌가 처음 일어나자마자
당장 꺼꾸러트리는 것이 보살의 수행입니다.

36

요약하면 어디서나 어떠한 행동을 하더라도
자신의 마음 상태가 어떠한지
항상 정념과 정지를 갖추어서
남을 위한 성취가 보살의 수행입니다.

37

이와 같이 정진하여 성취한 모든 공덕은
가없는 중생의 고통을 멸하기 위한 것이니
삼륜청정의 지혜로서
깨달음을 회향하는 것이 보살의 수행입니다.

〈맺음 게송〉

보살의 서른일곱 가지 수행은
현밀 논서들에서 설하신 뜻을
성자들의 말씀하신 뒤를 따라서
보살도를 배우려는 이들을 위해서 쓴 것입니다.

지혜가 적고 배움이 적은 탓에
정통한 이가 좋아할 문장은 못되지만
경전과 성자들의 말씀에 의지했기에
보살의 수행법이 틀리지는 않으리라 생각합니다.

하지만 보살의 위대한 수행들은
우매한 나 같은 이가 헤아리기 어렵기 때문에
틀리고 무관한 것들의 허물을
성자들께서는 인내하여 주시기를 기도합니다.

이로 인해 생긴 복덕으로 모든 중생이
절대 승의의 수승한 보리심으로
윤회와 적멸의 끝자리에 머물지 않고
보호존 관세음보살과 같게 하소서.

01 신(身)·구(口)·의(意)의 세 가지 통로를 말한다.
02 어짊을 베푼다는 뜻으로, 부처님을 부르는 다른 이름이다.

연기
찬탄송

쫑카파 대사
(Tsongkhapa, 1357~1419)

나모 구루 만주고샤야(스승 문수보살님께 귀의합니다.)

가장 지혜로운 분,

비할 데 없는 설법자,

연기법을 깨달아 설하신

부처님께 예경합니다.

세상의 모든 고통은

무지라는 뿌리에서 비롯되니

연기법을 보는 것으로

뿌리가 제거된다고 설하셨네.

이때 지혜로운 이라면

연기법이

부처님의 가르침의 핵심임을

어찌 이해하지 못하리!

그러므로 구제자 부처님을
찬탄하는 이유 중에
연기법을 설하신 것보다
더 훌륭한 점을 찾을 수가 없네!

'조건에 의존하는 것들은
자성이 공하다.'라고
설하신 이보다 더 경이롭고
훌륭한 가르침이 어디 있는가?

있고 없음을 집착하는 어리석은 이들은
극단의 견해에 깊이 빠져 있지만
진여를 아는 이는 분별망상의 그물을
모조리 잘라내리라.

이와 같은 가르침은 그 어디에서도 보지 못하였으니
제게 스승은 오직 부처님 한 분뿐,
외도에게 정법이 있다 함은
여우를 사자라고 아첨하는 것과 같네.

안내자여! 귀의처시여!
최고 설법자여! 구제자시여!
연기법을 올바르게 설하신
부처님께 예경합니다.

부처님께서 일체중생을 위해
약과 같이 설하신
불법의 핵심,
공성을 깨닫게 되는 비할 데 없는 근거

'상호 의존하여 발생한다는 연기법'이
모순이고 성립할 수 없다고
보는 이들이 어찌
불법을 이해하겠는가?

어느 날 연기법을 통해서
공성을 본다면
무자성과
행위자와 행위에 모순이 없지만

이와 반대로 본다면
공성인 것에 행위가 있을 수 없고
행위가 있는 것이 공성일 수 없으니
위험한 벼랑에 떨어진다고 설하셨네.

그러므로 부처님의 가르침 중에
연기법을 보신 것을 최상으로 찬탄하나니
전혀 없는 것도 아니고
자성이 존재하는 것도 아니네.

어떤 것에도 의존하지 않는 허공꽃처럼
의존하지 않고 존재하는 것은 없네.
자성을 가진 존재라면
원인과 조건에 의존하여 성립하는 것은 모순이네.

그런 까닭에 의존하여 발생한 것 외에
어떤 법도 존재할 수 없고
자성으로써 공한 것 외에
어떤 법도 존재할 수 없네.

보리심 기도문

자성은 제거할 수 없으니
어떤 것에 자성이 있다면
열반에 이르는 것은 불가능하고
분별망상을 제거하는 것도 불가능하다고 설하셨네.

그러므로 현자들의 무리에서
사자후로 자성이 없음을
거듭 설하신
이 가르침 누가 반박할 수 있으리!

어떠한 것에도 자성은 없으니
서로 의존해서 발생하는
모든 원리가 모순 없이
하나로 귀결됨은 말할 필요가 없네.

의존하여 존재하기 때문에
극단에 치우치지 않는다고 설하신
이 가르침은
부처님의 최상 설법의 근원이네.

모든 것은 본질이 공하고,
원인에서 결과가 발생한다는
이 두 가지를 앎이
서로 모순되지 않고 화합하는

이보다 더 놀라운 것과
경이로운 가르침이 어디 있는가?
이 이치로 부처님을 찬탄하니
이보다 더 수승한 것은 없네.

미혹에 사로잡혀
부처님을 반대하는 이들이
무자성을 인정하지 못한다 해도
그리 놀랍지 않네.

그러나 부처님의 가르침의 원천이
연기법임을 인정하면서도
공성은 인정하지 못하는 것에
나는 놀라움을 느끼네.

보리심 기도문

무자성으로 인도하는
최고의 문인 연기법을
이름만을 붙들고
자성이 있다고 집착하는 이들을

뛰어난 성인들께서 거쳐 간
비할 데 없는 바른 길,
부처님께서 기뻐하시는 길로
온갖 방편을 써서 인도하리라!

진여는 조작과 의존함이 없고
연기는 조작과 의존하는 가운데
어떻게 하나의 대상에
모순 없이 양립하는가?

그러므로 '의존해서 성립하는 것'들은
본래부터 자성이 없지만
자성이 존재하는 것처럼 보이기에
일체법이 환영과 같다고 설하셨네.

부처님의 가르침에
어느 누구도 지적할 점을
찾을 수 없을 거라고 말씀하셨으니
이것만으로도 알 수 있으리.

무슨 말씀인가 하면
드러나 있거나 드러나지 않은 것들을
과장하고 숨길 수 있는
기회를 멀리 내치셨다는 것이네.

부처님의 비할 데 없는 연기법의 가르침을
보게 되는 것에 의해
부처님의 다른 가르침 역시
올바른 말씀이란 믿음이 생겨나네.

있는 그대로를 보고 진실하게 설하신
부처님을 따르는 이들은
모든 허물에서 차츰 멀어지니
모든 허물의 뿌리를 제거하기 때문이네.

보리심 기도문

반대로 부처님의 법을 외면하는 이들은
오랫동안 노력해도
오히려 허물만이 늘어나니
나라는 생각이 견고하기 때문이네.

지혜로운 이가 이러한
두 가지의 차이를 알아차릴 때
마음속 깊이 부처님을 향한
공경심이 어찌 일어나지 않겠는가!

부처님의 여러 가르침들은
말할 것도 없이 일부만이라도,
혹여 대략적인 이해만이라도 얻는다면
최상의 안락을 얻게 되네.

나의 마음은 무지로 인해 망가져
이와 같은 공덕의 밭에
오랫동안 귀의하였지만
작은 공덕의 조각조차 얻지 못했네.

그러나 죽을 때가 가까워
목숨이 끊어지기 전에 조금이나마
부처님을 향해 믿음을 일으킬 수 있게 되어
행운이라는 생각이 드네.

설법 중에 연기법을 설하시고,
지혜 중에 연기법을 깨달은 지혜로
온 세상의 제왕과 같은 부처님을
뛰어넘을 자 누구도 없네.

부처님께서 설하신 모든 가르침은
연기법에서 시작되어
열반으로 인도하니
적정이 아닌 다른 법은 설하지 않으셨네.

부처님의 가르침을
듣는 모두가 적정에 들게 되니
부처님의 법을 수지하는 이들을
누가 공경하지 않으리.

모든 반론들을 이기고
앞뒤 어긋남이 없으며
일체중생 자리이타를 이루게 하는 불법에
나의 신심 늘어만 가네.

이를 위해 부처님께서
때로는 다른 이들을 위해 몸과 목숨,
재물과 사랑하는 가족마저도
무량겁 동안 거듭 베푸셨으니

부처님의 공덕을 보고 나면
낚싯바늘에 걸린 물고기처럼
부처님께 마음이 저절로 이끌리나
애석하게도 부처님께 직접 법을 듣지 못했네!

이 비통함이
하나뿐인 자식을 생각하는
어머니의 마음처럼
나의 마음에서 떠나지 않네.

부처님의 말씀을 떠올리면,
거룩한 상호 찬란하게 빛나고
광명에 둘러싸인 부처님께서
법음으로 이러이러하다고 설하시고

부처님의 이 모습을
떠올리는 것만으로
열병에 시달리는 이에게
시원한 달빛처럼 약이 되네.

부처님의 훌륭한 가르침을
접하는데도
어리석은 이들은
잔디처럼 뒤엉켜 있네.

이와 같은 모습 보고서
나는 많은 노력을 기울여
성인들을 따라 부처님의 의중을
거듭 거듭 탐구하네.

한때 자종과 타종의
많은 교리를 배웠으나
늘어나는 의심들로 인해
나의 마음은 항시 편치 못했네.

부처님의 최상승의 도리를
있고 없음의 양극단을 여의고
여실하게 해석할 것이라고
부처님께서 예언한 백련화원 용수보살의

오류 없는 지혜가 넘쳐 나와
허공에 걸림 없이 퍼져나가니
양변을 집착하는 어리석은 마음과
잘못된 교리를 주장하는 별들을 제압하네.

월칭 논사께서 훌륭하게 해석하여
광명으로 밝히셨으니
이와 같은 스승들의 은혜로
나의 마음은 안식을 얻었네.

부처님의 모든 업적 중
법을 설하신 업적이 가장 수승하나니
그 때문에 성인들은 부처님의 은혜를
항시 잊지 않고 기억하네.

출가하여 부처님의 가르침을
배움에 게으르지 않고
수행하는 비구들은 이와 같은 행으로
위대한 성자 부처님을 지극히 공경하네.

위대한 부처님의 훌륭한 가르침을
접할 수 있게 된 것은 스승의 은혜이기에
이와 같은 선업도 일체중생이
바른 스승을 만나는 데 회향합니다.

일체중생을 위한 불법이 윤회계가 다할 때까지
잘못된 견해의 바람에 흔들리는 일 없게 하시고,
부처님의 뜻을 제대로 아는 이들의
불법 향한 믿음 항상 가득하게 하소서!

보리심 기도문

부처님께서 분명하게 설하신 연기의 진여,
세세생생 몸과 목숨을 바쳐 지키겠으니
한순간도 게으르지 않게 하소서!

최고의 인도자께서 한량없이 애쓰며
중대하게 확립하신 이 법을
융성시킬 방편 얻기 위해
밤낮을 고찰로써 지새우게 하소서!

청정한 열의로써 이와 같이 애쓸 때
제석천과 범천 등의 세간호주와 마하깔라 등의 호법신중들
역시 외면하지 않고 항상 도와주소서!

어머니를
찾아

짱꺄 롤뻬 도제
(Changkya Rölpé Dorjé , 1717~1786)

보리심 기도문

에마호! ●01
심오한 연기의 공성을 있는 그대로 가르쳐주시는
은혜로운 스승께서는
언제나 제 가슴속에 머물러주소서.

불현듯 머리에 떠오르는 대로 적어봅니다.

오랜 세월 어미를 잃고 미쳐 방황하던 어린 아들은
나이든 어미가 늘 제 곁에 계셨음을 이제야 깨달았습니다.
형님이 조용히 알려주었으나 설상가상 긴가민가했습니다.

다양한 대상과 인식은 어미의 미소,
생사의 윤회는 어미의 거짓말,
설마 했던 어미가 저를 속였고 형님만이 저를 도왔습니다.

나이든 어미의 온정으로 벗어날 기회가 생겼으니
대상과 인식이 이러하다면 삼세의 부처님조차
구제할 수 없습니다.

다양한 변화들은 변치 않는 어미의 표정으로,
비로소 벗어날 기회를 얻었습니다.
어디에도 없던, 말로써 표현할 수 없었던 어머니
여기저기 속이면서 의탁하고 계셨으니
이것만으로도 큰 소득이 있습니다.

아비를 찾아 헤매었으나 찾지 못한 것은 어미의 탓이었고
어머니의 무릎 위에 아버지 찾았으니 부모의 은혜로
저는 살았습니다!

하나도 아니고 둘도 아니던 어미의 얼굴
형님이 거울로 보여줬으나
잡히질 않는데도 마냥 있을 것만 같아서
정신이 나간 저는 정작 살펴보질 않았습니다.

용수와 월칭께서 바람에 실어 보낸 전서를
문수보살의 비둘기 덕에 보아 저 멀리 고생하며
찾아 헤매던 어미가
늘 곁에 계셨음을 보았습니다.

보리심 기도문

오늘날 박학다식하다고 하는 이들 중에 실재,
실체라는 단어에 빠져 눈앞에 보이는 것을 제쳐두고
뿔 달린 헛것을 찾고 있으니

관념을 여읜 어미의 얼굴 앞에서
무엇도 아른거리질 않고 비논리적인 많은 말들은
나이든 어미가 달아나게 합니다.

존재하는 것을 있다고 했다가 없다고도 했다가
뒤죽박죽 선을 모르는데도
부모는 서로 떨어지질 않고 늘 아끼며 함께 계십니다.

일체, 경량, 유식파로 불리던 동방의 학자들이
어머니를 코끼리, 하얀 입자,
물질, 호랑이의 무늬, 주체 미친 원숭이,
둘로 쪼개지지 않는 것,
주체할 수 없는 곰이라고 이름했지만
여전히 나이든 어미를 찾지 못했습니다.

싸꺄, 닝마, 까르마, 둑빠 까규의 많은 학자들이

인식의 경계가 아닌 청정과 공성을 아는 것일 뿐,

본연의 자리, 보현보살의 본성, 조작됨 없는

본연의 자리 마하무드라,

있는 것도 아니고 없는 것도 아닌 것이라고

다양한 용어들로 설명하지만

잘 조준하고 있으면 좋으련만

손가락으로 무엇을 가리키고 있는 것입니까?

외경을 부정하지 않으니 낙담하지 마시길,

유부학파들은 기뻐하십시오.

스스로 인식하는 것은 없지만 대상과 주체가 있으니

모든 유식학파는 기뻐하십시오.

스스로 존재하는 것은 없지만 의존해서

발생하는 것을 의미하니

동방의 학자들은 기뻐하십시오.

청정과 공성은 모순되지 않으니 한 맛이라는 것에

법을 배우는 자들은 조금의 의문도 품지 마십시오.

있고 없음을 여읜 것이라는 것도 맞는 말이니

논쟁에 붙들려 있는 이들은 초조해하지 마십시오.

보리심 기도문

하지만 배움이 부족한 이들이 용어를 제대로
이해하지 못한 것으로 보이지만
제가 그대들을 존중하지 않는 것은 아니니
상처가 되었다면 미안합니다.

제가 모든 것을 아는 자는 아니나
스승들이라는 선한 말에 올라타 성실함과
공경심으로 달려 나가니
불가능한 장애물을 뛰어넘을 수 있을 듯합니다.

찾지 마십시오, 찾는 것은 자신입니다.
사실이라고 믿지 마십시오. 거짓입니다.
거짓을 부정하지 않기를, 그것이 맞는 것입니다.
상변도 단변도 아닌 자리에서만 쉴 수 있습니다.

정작 어미를 만난 적이 없으면서도
말만으로도 사라진 부모가 곁에 계시길,
또는 만나 뵙기를 간절히 바라듯이,
용수와 그 제자의 은혜가 너무나 큽니다.
롭상닥빠의 은혜가 너무나 큽니다.
스승의 은혜가 너무나 큽니다.

발생함 없는, 말로 표현할 수 없는
나이든 어머니를 알아차림의 어린 아들과 함께
영원히 안락한 이 법으로 나이든 어머니와 같은
모두를 안내하겠습니다.

저 롤뻬 도제는
저의 기쁨을 이 자리에서 흥겨운 춤으로
삼보에 공양 올립니다.

●
이 게송에서 형님은 연기법을, 어머니는 공성을 의미한다.

01 '놀라운'이라는 뜻이다. 벅찬 기쁨이나 경이를 나타낸다.

람림
기도문

긴 세월, 제가 허공을 가득 채울 정도로
애써 쌓아 올린 두 자량으로
무명에 눈이 먼 모든 중생을
안내하는 부처가 되게 하소서!

세세생생 부처를 이룰 때까지
문수보살께서는 자비로 저를 굽어 살펴주소서!

불법의 차제가 잘 갖춰진 수행법을 배우고 수행하니
부처님들께서는 어여삐 살펴주소서!

제가 이해한 깨달음으로 가는 수행의 핵심
자비의 힘에 의해 지혜로운 방편으로 중생들의
어리석음 제거하니
불법이 길이 융성하게 하소서!

최고의 보석인 불법이 전해지지 않은 곳
전해졌지만 쇠락한 곳
대자비한 마음으로 구제하여
행복과 안락의 빛을 비춰주소서!

보리심 기도문

불보살님들의 놀라운 가피로
잘 구성된 깨달음으로 가는 수행의 길이
해탈을 구하는 이들의 마음에 전해지고
부처님의 행적을 길이 나투어주소서!

선업을 짓게 하고, 장애를 제거하여
사람과 사람이 아닌 모든 존재가
세세생생 부처님께서 기뻐하시는
청정한 수행의 길에서 멀어지지 않게 하소서!

대승의 열 가지 법을
잘 실천하고 정진할 때
호법들은 도와주시고
바다와 같은 안녕함으로 시방세계를 채우소서!

●

『람림』은 티베트불교의 핵심이라고 할 쫑카파 대사의 방대한
『보리도차제론』을 부르는 티베트 이름이다. 『람림』은
"여기에 부처님의 모든 말씀에 대한 요의가 총괄되어 있다."로
시작한다. 『깨달음에 이르는 길』로 국내에 출판되었으며
필자가 번역했다.

자유롭고
편안하게

겐둔 린포체
(Lama Gendun Rinpoche, 1918~1997)의 오도송

행복은 대단한 노력과 의지로 찾는 것이 아니다.

자유로운 편안함과 버림 속에 이미 존재한다.

너무 애쓰지 마라.

특별히 하거나 하지 말 것이 없다.

마음에서 잠깐 일어나는 생각은

전혀 중요하지 않다.

실체가 없는 것이다.

동일시해서 집착하고 판단을 내릴 필요가 있겠나.

이런 놀이는 저절로 일어나게 두는 게 좋다.

파도처럼 일어나고 가라앉는다.

무엇을 바꾸거나 조작하지 마라.

마법처럼 사라지고 다시 나타난다.

끝없이 사라지고 나타나는 것을 알아차려 보아라.

다만 행복을 찾고 있는 마음 때문에
잘 보이지 않는다.
행복을 찾는 마음은
잡을 수 없는 무지개를 뒤쫓는 것이나
개가 꼬리를 쫓는 것과 같다.

행복과 평화는
어떤 것이나 어떤 곳이라고 할 수 없지만
항상 가능한 것이고 매 순간 우리와 함께한다.
좋은 경험, 안 좋은 경험의 허위에 속지 마라.
오늘 날씨나 무지개와 같다.

잡을 수 없는 것을 잡으려고 쓸데없이 지친다.
꼭 잡으려고 하는 주먹을 열고 힘 빼는 순간,
자유롭고 편안하고 무한한 하늘이 있다.
이 한없는 허공과 자유와 자연스러운 편안함을 즐겨라.

더 이상 찾지 마라.

집에 둔 코끼리를 숲속에서 찾지 마라.

할 것이나 말 것이 없다.

억제할 것 없다.

원하는 것 없다.

빠진 것도 없는 것이다.

에마호! 경이로움!

모든 것이 저절로 일어나네.

●

세첸코리아 기도집에서 발췌

진실의 말

달라이 라마(1935~)

나모 라나 따야야● 01

바다와 같은 무량한 공덕 지니시고
불쌍한 중생들을 하나밖에 없는 자식으로 여기시는
과거·현재·미래의 부처, 보살, 성인들이시여!
슬픔에서 우러나는 진실의 말에 귀 기울여주소서!

윤회와 해탈의 고통을 여읜 불법으로
세상에는 행복과 안락이 가득하고
불법을 따르는 학자들과 수행자들
그들의 열 가지 법행이 증장하게 하소서!

거칠고 힘든 악업에 짓눌려
숨조차 쉴 수 없는 불쌍한 중생들
끔찍한 질병, 전쟁, 기근, 모든 두려움이 사라져
행복과 기쁨이 넘쳐나는 바다에서 숨 쉬게 하소서.

눈의 나라 티베트에 인연이 있어 태어난 이들이
거친 이방인들에게 무참히 짓밟히며
흘리는 피와 눈물의 강물이
속히 멈추도록 대자비한 위신력을 보여주소서!

번뇌라는 악귀에 휘둘리는 거친 무리가
자신은 물론 타인까지 무너뜨리고 있지만
불쌍한 이들이 옳고 그릇됨을 구별하는 눈을 얻어
사랑과 자비를 실천하게 하소서!

긴 세월, 가슴속에 품어왔던
티베트의 독립을 성취하고
종교와 정치가 협력하는 행운을
하루 속히 누리게 하소서!

불법과 국가를 위해
소중한 육신과 생명, 재산을 전부 바치고
헤아릴 수 없는 고난을 겪는 이들을
자비로운 구제자께서 보호하여주소서!

보리심 기도문

보호자 관세음보살이여!
불보살님 앞에서
눈의 나라를 수호하리라 서원한 큰 기도의 힘이
지금 이곳에서 선한 열매로 맺히게 하소서!

본디 공한 법성과 심오한 연기법,
삼보의 자비와 진실한 말의 힘,
한 치 어긋남이 없는 인과의 힘으로
진실한 저희 기도가 방해받지 않고 속히 이루어지게 하소서!

01 '삼보께 예경합니다.'라는 뜻의 티베트어 발음이다. 산스크리트어 발음은
　　'나모 라트나 뜨라야'다.

바르도의
공포에서
구원을 청하는
기원문

빠드마쌈바와
(Padmasambhava, 8세기 전후)

보리심 기도문

적정과 분노의 세존들께 정례하옵니다.

께마! ● 01
수명이 다해 생명의 빛이 꺼지고
가족과 친구가 더는 돕지 못하고
홀로 바르도의 험로를 유랑할 때,
적정과 분노형상의 제불세존께선
대비의 신력을 아낌없이 베푸시어
무명의 검은 안개 거두어주소서!

정든 벗들 여의고 나 홀로 유랑하며
마음의 표출인 공의 영상이 나타날 때,
제불께선 대비의 신력을 베푸시어
바르도의 공포가 일지 않게 하소서!

다섯 지혜의 오광명이 출현할 때
공포를 버리고 나임을 알게 하소서!
적정과 분노존의 형상이 나타날 때
두려움을 버리고 자기임을 확신하고
그것이 바르도임을 깨닫게 하소서!

악업의 영향으로 괴로움을 당할 때
정명의 세존께선 고통을 멸해주소서!
법성의 소리가 천둥처럼 울려올 때
모두가 대승의 법음이 되게 하소서!

구호도 없이 업보 따라 유랑할 때
정명의 세존께선 저를 구원하소서!
습기와 악업으로 고통을 겪을 때
빛과 희열의 삼매가 출현케 하소서!

재생의 바르도에 홀연히 화생할 때
마라의 그릇된 예언이 없게 하소서!
어디든 사념의 힘으로 닿는 곳마다
악업의 착란의 공포가 없게 하소서!

사나운 들짐승이 무섭게 포효할 때
모두 육자진언 법음이 되게 하소서!
어둠과 비바람과 한설에 내몰릴 때
밝은 지혜의 하늘눈을 얻게 하소서!

보리심 기도문

동등한 업보의 바르도의 유정들이
질투를 버리고 선취에 나게 하소서!
번뇌의 열기로 목 타고 허기질 때
기갈과 한열의 고통이 없게 하소서!

내생의 부모님이 교합함을 볼 때
정명의 부모합체로 보게 하소서!
탄생에 자재하고 이타의 사업 위해
미려한 대장부의 몸 얻게 하소서!

아름다운 상호의 색신을 얻은 뒤
내 이름과 모습을 보고 듣는 이는
모두가 속히 해탈을 얻게 하소서!

악업은 미미해도 뒤따르지 않으며
선업은 자라나고 수순하여지이다!
태어나는 곳이면 어디가 되었든지
세세생생 본존을 뵈옵도록 하소서!

태어나는 즉시 걷고 말할 줄 알며
과거의 생들을 빠짐없이 기억하고
불망의 다라니 또한 얻게 하소서!
크고 작은 세간의 온갖 학문들을
보고 듣는 것만으로 알게 하소서!

태어나는 곳마다 길상이 충만하고
중생들은 모두가 행복하여지이다!
적정과 분노존의 형상과 명호들과
권속과 수명과 불국토의 공덕들을
저희도 그와 같이 다 얻게 하소서!

본초불 싸만따바드라의 가피와
무량한 적정과 분노존의 자비와,
청정한 법계의 진리의 위신력과
진언사의 일념 정진의 가피로써
발원한 그대로 이룩되어지이다!

[이 바르도의 공포에서 구원을 청하는 기원문은 윤회의 세간이 비지 않을 때
까지 또한 끝나지 않는다.]

보리심 기도문

쌀와다 망갈람 쓰리 요바반뚜, 나마 쌀와 따타가따 흐리다야,
아누가떼, 옴 꾸룸기니 쓰와하!

옴 바즈라 싸드와 훔, 흐아 아 쌰 싸 마 하, 옴 쑤쁘라 띳타 바
즈라예 쓰와하!

●
중암 스님 번역 『티베트 사자의 서』(불광출판사) 중

바르도의
험로에서
구원을 청하는
기원문

빠드마쌈바와
(Padmasambhava, 8세기 전후)

스승님과 본존과 다끼니 ●01 여신들께 정례하옵니다.
대자대비로 바르도의 험로에서 인도하여 주소서!

아, 이 몸이 이원의 착란으로
윤회의 수렁 속을 유랑할 때,
산란을 여읜 문-사-수 셋의
적연부동한 밝은 광명의 길로,
법계 스승님은 앞에서 이끄시고
불모와 다끼니는 뒤에서 미시어,
바르도의 험로에서 구원하소서!
붓다의 정등각지로 인도하소서!

아, 이 몸이 무지의 악업으로
윤회의 수렁 속을 유랑할 때,
법계체성지의 밝은 광명의 길로
비로자나불은 앞에서 이끄시고
다뜨위스와리는 뒤에서 미시어,
바르도의 험로에서 구원하소서!
붓다의 정등각지로 인도하소서!

아, 이 몸이 성냄의 악업으로
윤회의 수렁 속을 유랑할 때,
대원경지의 밝은 광명의 길로
금강살타는 앞에서 이끄시고
붓다로짜나는 뒤에서 미시어,
바르도의 험로에서 구원하소서!
붓다의 정등각지로 인도하소서!

아, 이 몸이 교만의 악업으로
윤회의 수렁 속을 유랑할 때,
평등성지의 밝은 광명의 길로
보생여래는 앞에서 이끄시고
마마끼 불모는 뒤에서 미시어,
바르도의 험로에서 구원하소서!
붓다의 정등각지로 인도하소서!

보리심 기도문

아, 이 몸이 탐욕의 악업으로
윤회의 수렁 속을 유랑할 때,
묘관찰지의 밝은 광명의 길로
아미타여래는 앞에서 이끄시고
빤다라와씨니는 뒤에서 미시어,
바르도의 험로에서 구원하소서!
붓다의 정등각지로 인도하소서!

아, 이 몸이 질투의 악업으로
윤회의 수렁 속을 유랑할 때,
성소작지의 밝은 광명의 길로
불공성취불은 앞에서 이끄시고
싸마야따라는 뒤에서 미시어,
바르도의 험로에서 구원하소서!
붓다의 정등각지로 인도하소서!

아, 이 몸이 습기의 악업으로
윤회의 수렁 속을 유랑할 때,
구생지혜의 밝은 광명의 길로
용사와 지명들은 앞에서 이끄시고
불모와 다끼니들은 뒤에서 미시어,
바르도의 험로에서 구원하소서!
붓다의 정등각지로 인도하소서!

아, 이 몸이 착란의 악업으로
윤회의 수렁 속을 유랑할 때,
공포를 여읜 밝은 광명의 길로
정명의 세존들은 앞에서 이끄시고
불모와 다끼니들은 뒤에서 미시어,
바르도의 험로에서 구원하소서!
붓다의 정등각지로 인도하소서!

보리심 기도문

께마!

허공 원소들이 적으로 일어나지 않고

청색 부처님[비로자나]의 정토를 보게 하소서!

땅 원소들이 적으로 일어나지 않고

백색 부처님[금강살타]의 정토를 보게 하소서!

물 원소들이 적으로 일어나지 않고

금색 부처님[보생여래]의 정토를 보게 하소서!

불 원소들이 적으로 일어나지 않고

적색 부처님[아미타불]의 정토를 보게 하소서!

바람 원소들이 적으로 일어나지 않고

녹색 부처님[불공성취불]의 정토를 보게 하소서!

무지개 원소들이 적으로 일어나지 않고

다양한 부처님의 정토를 보게 하소서!

소리와 빛과 광선이 적으로 일어나지 않고

무량한 적정과 분노존의 정토를 보게 하소서!

모든 소리가 자기의 소리임을 알게 하소서!

모든 빛들이 자기의 빛임을 알게 하소서!

모든 광선이 자기의 광선임을 알게 하소서!

바르도가 본래 자기의 본성임을 알게 하소서!

법-보-화 삼신의 정토를 실현하게 하소서!

[이 기원문은 대아사리 구루 빠드마쌈바와가 짓다.

윤회의 세간이 비지 않을 때까지 이 기원문도 또한 끝나지 않는다. 싸마야!]

●

중암 스님 번역 『티베트 사자의 서』(불광출판사) 중.

---

01 다끼니(空行母)는 스승과 본존과 더불어 밀교 수행의 근본이 된다. 여기서 다끼니는
    법성을 증득한 출세간의 여신들을 일컫는다. 이하 '~뒤에서 미시어' 앞에 붙은 이름은
    모두 티베트 불교 여신의 이름이다.

보리심 기도문

바르체 람쎌
(Barché Lamsel)

장애를 없애는
기도문

ཆོས་སྐུ་སྣང་བ་མཐའ་ཡས་ལ་གསོལ་བ་འདེབས༔ 최꾸 낭와타예라 쐴와뎁
법신 아미타부처님께 기도 올립니다.

ལོངས་སྐུ་ཐུགས་རྗེ་ཆེན་པོ་ལ་གསོལ་བ་འདེབས༔ 롱꾸 툭제첸뽀라 쐴와뎁
보신 관세음보살님께 기도 올립니다.

སྤྲུལ་སྐུ་པདྨ་འབྱུང་གནས་ལ་གསོལ་བ་འདེབས༔ 뚤꾸 빼마중내라 쐴와뎁
화신 빠드마삼바와님께 기도 올립니다.

བདག་གི་བླ་མ་ངོ་མཚར་སྤྲུལ་པའི་སྐུ༔ 닥기라마 응오차르 튈빼꾸
저의 스승님은 희유하신 화신이시며

རྒྱ་གར་ཡུལ་དུ་སྐུ་འཁྲུངས་ཐོས་བསམ་མཛད༔ 갸가르율두 꾸퉁 퇴쌈재
인도에서 태어나셔 듣고 사유하셨으며

བོད་ཡུལ་དབུས་སུ་ཞལ་བྱོན་དྲེགས་པ་བཏུལ༔ 뵈율위쑤 샬죈 덱빠뛸
중앙 티베트에 오셔 거만한 무리 조복하시고

ཨོ་རྒྱན་ཡུལ་དུ་སྐུ་བཞུགས་འགྲོ་དོན་མཛད༔ 외겐 율듀꾸슉 도된제
외겐국에 머물며 중생 이롭게 하시네.

ཐུགས་རྗེས་བདག་ལ་བྱིན་གྱིས་རློབས༔ 툭제닥라 진기롭
자비로서 저에게 가피를 내려주소서.

བརྩེ་བས་བདག་སོགས་ལམ་སྣ་དྲོངས༔ 쩨왜 닥쏙 람나동
사랑으로 저희들이 도에 들어가게 하시고

དགོངས་པས་བདག་ལ་དངོས་གྲུབ་སྩོལ༔ 공빼닥라 응외둡 쬘
지혜로서 제가 성취를 이루게하소서.

ནུས་པས་བདག་སོགས་བར་ཆད་སོལ༔ 뉘빼닥쏙 바르체 쐴
위신력으로 저희들 장애를 소멸해주소서.

ཕྱི་ཡི་བར་ཆད་ཕྱི་རུ་སོལ༔ 치이 바르체 치루쐴
밖에서 오는 외부장애를 소멸해주시고

ནང་གི་བར་ཆད་ནང་དུ་སོལ༔ 낭기 바르체 낭두쐴
안으로부터 오는 내부장애를 소멸해주시며

གསང་བའི་བར་ཆད་དབྱིངས་སུ་སོལ༔ 쌍왜 바르체 잉쑤쐴
비밀한 장애를 법계로 사라지게 하소서.

གུས་པས་ཕྱག་འཚལ་སྐྱབས་སུ་མཆིༀ 귀빼착찰 꺕수치
지극한 마음으로 정례하며 귀의합니다.

ཨོཾ་ཨཱཿཧཱུྃ་བཛྲ་གུ་རུ་པདྨ་སིདྡྷི་ཧཱུྃༀ 옴아훔 반자 구루 뻬마 씻디 훔!
옴아훔 반자 구루 뻬마 씻디 훔!

སྐུ་ཡི་ངོ་མཚར་མཐོང་བའི་ཚེༀ 꾸이 응오차르 통왜체
당신의 희유한 몸을 뵈올 때면

གཡས་པས་རལ་གྲིའི་ཕྱག་རྒྱ་མཛདༀ 예빼랄디 착갸재
오른손은 지혜검의 수인을 하시고

གཡོན་པས་འགུགས་པའི་ཕྱག་རྒྱ་མཛདༀ 왼빼국빼 착갸재
왼손은 수인을 지으시며

ཞལ་བགྲད་མཆེ་གཙིགས་གྱེན་ལ་གཟིགསༀ 샬대체찍 겐라식
드러난 치아(齒牙)로 얼굴을 찡그린 채 위쪽을 응시하니

རྒྱལ་བའི་གདུང་འཛིན་འགྲོ་བའི་མགོནༀ 걀왜둥진 도왜괸
불법의 전승자이신 중생들의 보호존이여

ཐུགས་རྗེས་བདག་ལ་བྱིན་གྱིས་རློབས༔ 툭제닥라 진기롭
자비로서 저에게 가피를 내려주소서.

བརྩེ་བས་བདག་སོགས་ལམ་སྣ་དྲོངས༔ 쩨왜 닥쏙 람나동
사랑으로 저희들이 도에 들어가게 하시고

དགོངས་པས་བདག་ལ་དངོས་གྲུབ་སྩོལ༔ 공빼닥라 응외둡쬘
지혜로서 제가 성취를 이루게 하소서.

ནུས་པས་བདག་སོགས་བར་ཆད་སོལ༔ 뉘빼닥쏙 바르체 쐴
위신력으로 저희들 장애를 소멸해주소서.

ཕྱི་ཡི་བར་ཆད་ཕྱི་རུ་སོལ༔ 치이 바르체 치루쐴
밖에서 오는 외부장애를 소멸해주시고

ནང་གི་བར་ཆད་ནང་དུ་སོལ༔ 낭기 바르체 낭두쐴
안으로부터 오는 내부 장애를 소멸해주시며

གསང་བའི་བར་ཆད་དབྱིངས་སུ་སོལ༔ 쌍왜 바르체 잉쑤쐴
비밀한 장애를 법계로 사라지게 하소서.

གུས་པས་ཕྱག་འཚལ་སྐྱབས་སུ་མཆི༔ 귀뻬착찰 꺕수치
지극한 마음으로 정례하며 귀의합니다.

ཨོཾ་ཨཱཿཧཱུྃ་བཛྲ་གུ་རུ་པདྨ་སིདྡྷི་ཧཱུྃ༔ 옴아훔 반자 구루 뻬마 씻디 훔!
옴아훔 반자 구루 뻬마 씻디 훔!

དམ་ཆོས་རིན་ཆེན་གསན་པའི་ཚེ༔ 담최린첸 쌘뻬체
보배로운 정법을 들을 때에

སྐུ་གསལ་འོད་ཟེར་མདངས་དང་ལྡན༔ 꾸쌜 외쎄르 당당댄
당신의 몸 찬란한 빛으로 빛나시고

ཕྱག་གཡས་སྡེ་སྣོད་གླེགས་བམ་བསྣམས༔ 착예데뇌 렉밤남
오른손엔 삼장의 경전 들고 계시고

གཡོན་པས་ཕུར་པའི་པུ་སྟི་བསྣམས༔ 욘뻬 푸르뻬 뿌띠남
왼손엔 푸르바의 자루를 들고계시니

ཟབ་མོའི་ཆོས་རྣམས་ཐུགས་སུ་ཆུད༔ 쌉뫼최남 툭쑤취
깊은 법을 마음에 다 통달하신

ཡང་ལེ་ཤོད་ཀྱི་པཎྜི་ཏ༔ 양레쇠기 뺀디따
양라쉬 지방의 큰 현자시여

ཐུགས་རྗེས་བདག་ལ་བྱིན་གྱིས་རློབས༔ 툭제닥라 진기롭
자비로서 저에게 가피를 내려주소서.

བརྩེ་བས་བདག་སོགས་ལམ་སྣ་དྲོངས༔ 쩨왜 닥쏙 람나동
사랑으로 저희들이 도에 들어가게 하시고

དགོངས་པས་བདག་ལ་དངོས་གྲུབ་སྩོལ༔ 공뻬닥라 응외둡쬘
지혜로서 제가 성취를 이루게 하소서.

ནུས་པས་བདག་སོགས་བར་ཆད་སོལ༔ 뉘빼닥쏙 바르체 쐴
위신력으로 저희들 장애를 소멸해주소서.

ཕྱི་ཡི་བར་ཆད་ཕྱི་རུ་སོལ༔ 치이 바르체 치루쐴
밖에서 오는 외부장애를 소멸해주시고

ནང་གི་བར་ཆད་ནང་དུ་སོལ༔ 낭기 바르체 낭두쐴
안으로부터 오는 내부장애를 소멸해주시며

གསང་བའི་བར་ཆད་དབྱིངས་སུ་སོལ༔ 낭쌍왜 바르체 잉쑤쐴
비밀한 장애를 법계로 사라지게 하소서.

གུས་པས་ཕྱག་འཚལ་སྐྱབས་སུ་མཆི༔ 귀뻬착찰 꺕수치
지극한 마음으로 정례하며 귀의합니다.

ཨོཾ་ཨཱཿཧཱུྃ་བཛྲ་གུ་རུ་པདྨ་སིདྡྷི་ཧཱུྃ༔ 옴아훔 반자 구루 뻬마 씻디 훔!
옴아훔 반자 구루 뻬마 씻디 훔!

དམ་ཅན་དམ་ལ་བཏགས་པའི་ཚེ༔ 담짼담라 딱뻬체
저들을 조복하여 호법의 약속을 받을 때

དྲི་མེད་གནས་མཆོག་ཉམས་རེ་དགའ༔ 디메내촉 냠레가
티 없고 수승한 곳 극도로 환희로우니

རྒྱ་གར་བོད་ཡུལ་ས་མཚམས་སུ༔ 갸가르뵈율 싸참쑤
인도와 티베트의 국경 지역을

བྱིན་གྱིས་བརླབས་ནས་བྱོན་པའི་ཚེ༔ 진기랍내 쥔뻬체
가피를 내리시며 오실 때에

དྲི་བསུང་སྤོས་དང་ལྡན་པའི་རི༔ 디쑹뾔응애 댄뻬리
감미로운 향기 가득한 향적산에

མེ་ཏོག་པདྨ་དགུན་ཡང་སྐྱེ༔ 메똑뻬마 군양께
겨울에도 또한 연꽃이 피어났네.

ཆུ་མིག་བྱང་ཆུབ་བདུད་རྩིའི་ཆུ༔ 추믹장춥 뒤찌추
샘물에서 보리의 감로수가

བདེ་ལྡན་དེ་ཡི་གནས་མཆོག་ཏུ༔ 데덴데이 내촉뚜
수승한 지복을 갖춘 최고의 성지에

སྐྱེས་མཆོག་ཚུལ་བཟང་ཆོས་གོས་གསོལ༔ 께쪽췰상 최괴쐴
빼어난 탄생 거룩한 상호로 법의를 갖추시고

ཕྱག་གཡས་རྡོ་རྗེ་ཆུ་དགུ་བསྣམས༔ 착예도제 쩨구남
오른손에는 구각의 금강저를 드시고

གཡོན་པས་རིན་ཆེན་ཟ་མ་ཏོག༔ 욘뻬린첸 사마똑
왼손에 귀한 보배상자

རཀྟ་བདུད་རྩིས་ནང་དུ་གཏམས༔ 　락따뒤찌 낭두땀
보혈(寶血)의 감로 그 안에 가득하네.

མཁའ་འགྲོ་དམ་ཅན་དྲས་ལ་བདགས༔ 　칸도담짼 담라딱
천신녀와 호법 무리 조복하사 서원을 약속 받고

ཡི་དམ་ཞལ་གཟིགས་དངོས་གྲུབ་བརྙེས༔ 　이담샬식 응외둡녜
수호본존 친견하고 성취하셨네.

ཐུགས་རྗེས་བདག་ལ་བྱིན་གྱིས་རློབས༔ 　툭제닥라 진기롭
자비로서 저에게 가피를 내려주소서.

བརྩེ་བས་བདག་སོགས་ལམ་སྣ་དྲོངས༔ 　쩨왜 닥쏙 람나동
사랑으로 저희들이 도에 들어가게 하시고

དགོངས་པས་བདག་ལ་དངོས་གྲུབ་སྩོལ༔ 　공빼닥라 응외둡쫠
지혜로서 제가 성취를 이루게 하소서.

ནུས་པས་བདག་སོགས་བར་ཆད་སོལ༔ 　뉘빼닥쏙 바르체 쐴
위신력으로 저희들 장애를 소멸해주소서.

ཕྱི་ཡི་བར་ཆད་ཕྱི་རུ་སོལ༔   치이 바르체 치루쐴
밖에서 오는 외부장애를 소멸해주시고

ནང་གི་བར་ཆད་ནང་དུ་སོལ༔   낭기 바르체 낭두쐴
안으로부터 오는 내부 장애를 소멸해주시며

གསང་བའི་བར་ཆད་དབྱིངས་སུ་སོལ༔   쌍왜 바르체 잉쑤쐴
비밀한 장애를 법계로 사라지게 하소서.

གུས་པས་ཕྱག་འཚལ་སྐྱབས་སུ་མཆི༔   귀빼착찰 깝수치
지극한 마음으로 정례하며 귀의합니다.

ཨོཾ་ཨཱཿཧཱུྃ་བཛྲ་གུ་རུ་པདྨ་སིདྡྷི་ཧཱུྃ༔   옴아훔 반자 구루 뻬마 씻디 훔!
옴아훔 반자 구루 뻬마 씻디 훔!

རྒྱལ་བའི་བསྟན་པ་བཏུགས་པའི་ཚེ༔   걀왜땐빠 쭉빼체
부처의 가르침 나툴 때에

གཡའ་རིའི་ནགས་ལ་སྒྲུབ་པ་མཛད༔   야리낙라 둡빠재
야리산 숲에서 성취를 행하시며

བསྟེན་ཕུར་ནས་མཁའི་དབྱིངས་སུ་འཕང་ས༔ 엔푸르남카 잉쑤팡
삼면검 푸르바를 허공에 던지시고

རྡོ་རྗེའི་ཕྱག་རྒྱས་སླངས་ཤིང་སྐྱིལ༔ 도제착계 랑싱딜
금강의 수인으로 다시 거두어들이시고

སྐྱིལ་ཞིང་ཙནྡན་ནགས་སུ་འཕང་ས༔ 딜싱짼댄 낙쑤팡
둥글게 말아서 전단나무 숲에 던지셨다네.

མེ་འབར་འཁྲུགས་ཤིང་མཚོ་ཡང་སྐེམས༔ 메바르툭싱 초양껨
불과 함께 타올라 호수가 다 말라버렸고

ཕྱིབ་ཀྱི་སྲུ་སྲེགས་ས་གང་བསྲེགས༔ 씹끼무떽 싸강쎅
밤에 외도들의 땅이 다 타버리니

ཡཀྴ་ནག་པོ་རྡུལ་དུ་བརླགས༔ 약샤낙뽀 뒬두락
검은 야차들도 가루가 되어버리며

དེན་གྱི་དོ་མེད་བདུད་ཀྱི་གཤེད༔ 댄기도메 뒤끼셰
마구니를 항복받은 위없는 분이시여!

보리심 기도문

ཐུགས་རྗེས་བདག་ལ་བྱིན་གྱིས་རློབས༔ 툭제닥라 진기롭
자비로서 저에게 가피를 내려주소서.

བརྩེ་བས་བདག་སོགས་ལམ་སྣ་དྲོངས༔ 쩨왜 닥쏙 람나동
사랑으로 저희들이 도에 들어가게 하시고

དགོངས་པས་བདག་ལ་དངོས་གྲུབ་སྩོལས༔ 공빼닥라 응외둡쬘
지혜로서 제가 성취를 이루게 하소서.

ནུས་པས་བདག་སོགས་བར་ཆད་སོལས༔ 뉘빼닥쏙 바르체 쐴 위
신력으로 저희들 장애를 소멸해주소서.

ཕྱི་ཡི་བར་ཆད་ཕྱི་རུ་སོལས༔ 치이 바르체 치루쐴
밖에서 오는 외부장애를 소멸해주시고

ནང་གི་བར་ཆད་ནང་དུ་སོལས༔ 낭기 바르체 낭두쐴
안으로부터 오는 내부 장애를 소멸해주시며

གསང་བའི་བར་ཆད་དབྱིངས་སུ་སོལས༔ 쌍왜 바르체 잉쑤쐴
비밀한 장애를 법계로 사라지게 하소서.

གུས་པས་ཕྱག་འཚལ་སྐྱབས་སུ་མཆིༀ 귀빼착찰 꺕수치
지극한 마음으로 정례하며 귀의합니다.

ༀ་ཨཱཿཧཱུྃ་བཛྲ་གུ་རུ་པདྨ་སིདྡྷི་ཧཱུྃༀ 옴아훔 반자 구루 뻬마 씻디 훔!
옴아훔 반자 구루 뻬마 씻디 훔!

སྲིན་པོའི་ཁ་གནོན་མཛད་པའི་ཚེༀ 씬뾔카논 재빼체
나찰들을 조복하실 때

བྱིའུ་ཆུང་སྤྲུལ་སྐུའི་ཆ་ལུགས་ཅནༀ 케우충 뚤꾀 차룩짼
미소년의 화신 모습을 하셨네.

ཡ་མཚན་གཟུགས་བཟང་ཁ་དོག་ལེགསༀ 야챈쑥쌍 카독렉
부사의한 모습과 빼어난 색상을 지닌

ཚེམས་འགྲིགས་དབུ་སྐྲ་སེར་ལ་མཛེསༀ 챔딕우따 쎄르라제
치아는 가지런하고 금빛 머릿결은 아름다워

དགུང་ལོ་བཅུ་དྲུག་ལོན་པའི་ཚུལༀ 궁로쭈둑 론빼췰
열여섯 살 소년의 모습으로

རིན་ཆེན་རྒྱན་ཆ་སྣ་ཚོགས་གསོལཿ 린첸갠차 나촉쐴
보배로운 여러 가지 보석 걸치셨네.

ཕྱག་གཡས་འབར་བའི་ཕུར་པ་བསྣམསཿ 착애카르왜 푸르빠남
오른손에는 지팡이 푸르바를 쥐시고

བདུད་དང་གནོད་སྦྱིན་པོའི་ཁ་གནོན་མཛདཿ 뒤당씬뾔 카논재
마구니와 야차를 조복하시며

གཡོན་པས་སེང་ལྡེང་ཕུར་པ་བསྣམསཿ 욘빼쎙뎅 푸르빠남
왼손에는 단향 푸르바를 쥐시고

མོས་པའི་བུ་ལ་སྲུང་སྐྱོབ་མཛདཿ 뫼빼부라 쑹꼽재
당신의 헌신적인 제자들을 보호하시며

མགུལ་ན་ལྕགས་ཀྱི་ཕུར་པ་བསྣམསཿ 굴나짝끼 푸르빠남
목에는 쇠로 만든 푸르바를 두르시니

ཡི་དམ་ལྷ་དང་གཉིས་སུ་མེདཿ 이담하당 니쑤메
둘이 아닌 세상의 수호본존이시네.

གཉིས་མེད་ཐུགས་རྗེ་འཛམ་གླིང་རྒྱན༔ 니메뚤꾸 잠링걘

불이의 화신, 남섬부주의 장엄자이시여!

ཐུགས་རྗེས་བདག་ལ་བྱིན་གྱིས་རློབས༔ 툭제닥라 진기롭

자비로서 저에게 가피를 내려주소서.

བརྩེ་བས་བདག་སོགས་ལམ་སྣ་དྲོངས༔ 쩨왜 닥쏙 람나동

사랑으로 저희들이 도에 들어가게 하시고

དགོངས་པས་བདག་ལ་དངོས་གྲུབ་སྩོལ༔ 공빼닥라 응외듭쫄

지혜로서 제가 성취를 이루게 하소서.

ནུས་པས་བདག་སོགས་བར་ཆད་སོལ༔ 뉘빼닥쏙 바르체 쐴

위신력으로 저희들 장애를 소멸해주소서.

ཕྱི་ཡི་བར་ཆད་ཕྱི་རུ་སོལ༔ 치이 바르체 치루쐴

밖에서 오는 외부장애를 소멸해주시고

ནང་གི་བར་ཆད་ནང་དུ་སོལ༔ 낭기 바르체 낭두쐴

안으로부터 오는 내부 장애를 소멸해주시며

གསང་བའི་བར་ཆད་དབྱིངས་སུ་སོལཿ 쌍왜 바르체 잉쑤쐴
비밀한 장애를 법계로 사라지게 하소서.

གུས་པས་ཕྱག་འཚལ་སྐྱབས་སུ་མཆིཿ 귀뻬착찰 깝수치
지극한 마음으로 정례하며 귀의합니다.

ༀ་ཨཱཿཧཱུྃ་བཛྲ་གུ་རུ་པདྨ་སིདྡྷི་ཧཱུྃཿ 옴아훔 반자 구루 뻬마 씻디 훔!
옴아훔 반자 구루 뻬마 씻디 훔!

འཛྀ་ཡི་ཡུལ་དུ་དགོངས་པའི་ཚེཿ 데이율두 공뻬체
정령들의 땅을 주시하실 때

མེ་དཔུང་ཤོད་ཀྱི་ས་གཞི་ལཿ 메뿡쇠끼 싸시라
불길이 치솟는 땅 위에

མདའ་རྒྱང་གང་གི་མཚོ་ནང་དུཿ 다걍강기 초낭두
화살이 미치는 거리의 호수로

པདྨའི་སྟེང་ན་བསིལ་བསིལ་འདྲཿ 뻬매뗑나 씰씰다
맑고 청량한 연꽃 위에 나투시었네.

པདྨའི་ནང་ན་དགོངས་པ་མཛད༔ 빼매낭나 공빠재
연꽃에서 지혜에 안주하시어

མཚན་ཡང་པདྨ་འབྱུང་གནས་ཞེས༔ 챈양빼마 중내세
이름 또한 연화생이라 하셨네.

རྫོགས་པའི་སངས་རྒྱས་དངོས་སུ་བྱོན།། 족빼쌍계 응외쑤쥰
정등각의 부처님께서 실제로 오심이며

དེ་འདྲའི་སྤྲུལ་སྐུ་ཡ་མཚན་ཅན༔ 덴대뚤꾸 야챈짼
그와 같은 희유하신 화신이시네.

ཐུགས་རྗེས་བདག་ལ་བྱིན་གྱིས་རློབས༔ 툭제닥라 진기롭
자비로서 저에게 가피를 내려주소서.

བརྩེ་བས་བདག་སོགས་ལམ་སྣ་དྲོངས༔ 쩨왜 닥쏙 람나동
사랑으로 저희들이 도에 들어가게 하시고

དགོངས་པས་བདག་ལ་དངོས་གྲུབ་སྩོལ༔ 공뻬닥라 응외둡쬘
지혜로서 제가 성취를 이루게 하소서.

ནུས་པས་བདག་སོགས་བར་ཆད་སོལ༔ 뉘빼닥쏙 바르체 쐴
위신력으로 저희들 장애를 소멸해주소서.

ཕྱི་ཡི་བར་ཆད་ཕྱི་རུ་སོལ༔ 치이 바르체 치루쐴
밖에서 오는 외부장애를 소멸해주시고

ནང་གི་བར་ཆད་ནང་དུ་སོལ༔ 낭기 바르체 낭두쐴
안으로부터 오는 내부 장애를 소멸해주시며

གསང་བའི་བར་ཆད་དབྱིངས་སུ་སོལ༔ 쌍왜 바르체 잉쑤쐴
비밀한 장애를 법계로 사라지게 하소서.

གུས་པས་ཕྱག་འཚལ་སྐྱབས་སུ་མཆི༔ 귀빼착찰 꺕수치
지극한 마음으로 정례하며 귀의합니다.

ༀ་ཨཱཿཧཱུྃ་བཛྲ་གུ་རུ་པདྨ་སིདྡྷི་ཧཱུྃ༔ 옴아훔 반자 구루 뻬마 씻디 훔!
옴아훔 반자 구루 뻬마 씻디 훔!

བོད་ཀྱི་ཉི་མ་མཛད་པའི་ཚེ༔ 뵈기니마 재빼체
티베트의 태양으로 행하시고

དད་ལྡན་འགྲོ་བ་འདྲེན་པའི་དཔལ་ལ༔ 대댄도와 덴빼빨
신심 갖춘 중생들에 영광스러운 인도자가 되셨을 때

གང་ལ་གང་འདུལ་སྤྲུར་པ་བསྟན་ནས༔ 강라강될 꾸르땐내
이들을 길들이기 위해 여러 가지 화현을 보이셨으니

གཙང་ཁ་ལ་ཡི་ལ་ཐོག་ཏུ༔ 짱카라이 라톡뚜
짱칼라의 고개 정상에서

དགྲ་ལྷའི་དགེ་བསྙེན་དམ་ལ་བཏགས༔ 다하게녠 담라딱
우바새 다흐라를 조복하여 서원을 받으시고

ཡུལ་ནི་ཚ་བའི་ཚ་ཤོད་དུ༔ 율니차왜 차쇠두
'차외' 지역의 '차쇠'에서

ལྷ་ཡི་དགེ་བསྙེན་དྲེགས་པ་ཅན༔ 하이게녠 덱빠짼
오만한 천신과 우바새와

ཉི་ཤུ་རྩ་གཅིག་དམ་ལ་བཏགས༔ 니슈짜찍 담라딱
스물한 명을 조복받고 서원 받으셨네.

མང་ཡུལ་དེ་ཡི་བྱམས་སྤྲིན་དུ༔　망율데이 쟘띤두
'망율' 지방의 '쟘띤'에서

དགེ་སློང་བཞི་ལ་དངོས་གྲུབ་གནང་༔　겔롱시라 응외둡낭
비구 네 명에게 성취를 주셨으니

ཁྱེད་པར་འཕགས་པའི་རིག་འཛིན་མཆོག༔　케빠르팍뻬 린진촉
수승하신 지혜를 지니신 성스러운 분이시여!

ཐུགས་རྗེས་བདག་ལ་བྱིན་གྱིས་རློབས༔　툭제닥라 진기롭
자비로서 저에게 가피를 내려주소서.

བརྩེ་བས་བདག་སོགས་ལམ་སྣ་དྲོངས༔　쩨왜 닥쏙 람나동
사랑으로 저희들이 도에 들어가게 하시고

དགོངས་པས་བདག་ལ་དངོས་གྲུབ་སྩོལ༔　공뻬닥라 응외둡쫼
지혜로서 제가 성취를 이루게 하소서.

ནུས་པས་བདག་སོགས་བར་ཆད་སོལ༔　뉘뻬닥쏙 바르체 쐴
위신력으로 저희들 장애를 소멸해주소서.

ཕྱི་ཡི་བར་ཆད་ཕྱི་རུ་སོལ༔ 치이 바르체 치루쐴
밖에서 오는 외부장애를 소멸해주시고

ནང་གི་བར་ཆད་ནང་དུ་སོལ༔ 낭기 바르체 낭두쐴
안으로부터 오는 내부 장애를 소멸해주시며

གསང་བའི་བར་ཆད་དབྱིངས་སུ་སོལ༔ 쌍왜 바르체 잉쑤쐴
비밀한 장애를 법계로 사라지게 하소서.

གུས་པས་ཕྱག་འཚལ་སྐྱབས་སུ་མཆི༔ 귀빼착찰 깝수치
지극한 마음으로 정례하며 귀의합니다.

ཨོཾ་ཨཱཿཧཱུྃ་བཛྲ་གུ་རུ་པདྨ་སིདྡྷི་ཧཱུྃ༔ 옴아훔 반자 구루 뻬마 씻디 훔!
옴아훔 반자 구루 뻬마 씻디 훔!

དཔལ་མོ་ཐང་གི་དཔལ་ཐང་དུ༔ 뺄모탕기 뺄탕두
뺄모와 뺄탕에서

བརྟན་མ་བཅུ་གཉིས་དམ་ལ་བཏགས༔ 땐마쭉니 담라딱
열두 대지의 신을 조복하여 서원을 받아내시고

བོད་ཡུལ་ཁ་ལའི་ལ་ཐོག་ཏུ༔ 뵈율카래 라톡뚜
티베트 땅의 카라 고개 길에서

གངས་དཀར་ཤ་མེད་དམ་ལ་བཏགས༔ 강까르샤메 담라딱
강까르 샤메를 조복하여 서원을 받으시며

འདས་བོད་སྣ་བུའི་སྙིང་དྲུང་དུ༔ 담쇠하뷔 닝둥두
담쇠 흐라부의 닝둥에서

ཐང་སྣ་ཡར་ཞུད་དམ་ལ་བཏགས༔ 탕하 야르쉬 담라딱
탕하 야르쉬를 조복하여 서원을 받으시며

དུས་པོ་རི་ཡི་ཡང་གོང་དུ༔ 헤뽀리이 양공두
헤뽀산의 꼭대기에서

སྣ་སྲིན་ཐམས་ཅད་དམ་ལ་བཏགས༔ 하씬탐째 담라닥
모든 천신들과 나찰들을 조복하여 서원을 받으시니

ཆེ་བའི་སྣ་འདྲེ་ཐམས་ཅད་ཀྱིས༔ 체왜하데 탐째기
이 모든 장수 천신녀들이

ལ་ལས་སྲོག་གི་སྙིང་པོ་ཕུལ༔ 라래쏙기 닝뽀퓔
어떤 이는 생명의 정수를 바치고

ལ་ལས་བསྟན་པ་བསྲུང་བར་བྱས༔ 라래땐빠 쑹바르재
어떤 이는 법을 지키기로 하였으며

ལ་ལས་བྲན་དུ་ཁས་བླངས་བྱས༔ 라래댄두 캐랑재
어떤 이는 종이 되기로 약속하였으니

མཐུ་དང་རྫུ་འཕྲུལ་སྟོབས་པོ་ཆེ༔ 투당주툴 똡뽀체
위신력과 기적의 큰 힘을 갖추신 분이시여!

ཐུགས་རྗེས་བདག་ལ་བྱིན་གྱིས་རློབས༔ 툭제닥라 진기롭
자비로서 저에게 가피를 내려주소서.

བརྩེ་བས་བདག་སོགས་ལམ་སྣ་དྲོངས༔ 쩨왜 닥쏙 람나동
사랑으로 저희들이 도에 들어가게 하시고

དགོངས་པས་བདག་ལ་དངོས་གྲུབ་སྩོལ༔ 공빼닥라 응외둡쫼
지혜로서 제가 성취를 이루게 하소서.

ནུས་པས་བདག་སོགས་བར་ཆད་སོལ༔ 뉘빼닥쏙 바르체 쐴

위신력으로 저희들 장애를 소멸해주소서.

ཕྱི་ཡི་བར་ཆད་ཕྱི་རུ་སོལ༔ 치이 바르체 치루쐴

밖에서 오는 외부 장애를 소멸해주시고

ནང་གི་བར་ཆད་ནང་དུ་སོལ༔ 낭기 바르체 낭두쐴

안으로부터 오는 내부 장애를 소멸해주시며

གསང་བའི་བར་ཆད་དབྱིངས་སུ་སོལ༔ 쌍왜 바르체 잉쑤쐴

비밀한 장애를 법계로 사라지게 하소서.

གུས་པས་ཕྱག་འཚལ་སྐྱབས་སུ་མཆི༔ 귀빼착찰 꺕수치

지극한 마음으로 정례하며 귀의합니다.

ༀ་ཨཱཿ་ཧཱུྃ་བཛྲ་གུ་རུ་པདྨ་སིདྡྷི་ཧཱུྃ༔ 옴아훔 반자 구루 뻬마 씻디 훔!

옴아훔 반자 구루 뻬마 씻디 훔!

དྲག་པོ་ཆོས་ཀྱི་བསྟན་པ་ནི༔ 땀빠최끼 땐빠니

정법을 지니시고

རྒྱལ་མཚན་ལྷ་བུར་བཙུགས་པའི་ཚེ༔ 걀챈따부르 쭉빼체
승리의 깃발 꽂으실 때에

བསམ་ཡས་མ་བཞེངས་ལྷུན་གྱིས་གྲུབ༔ 쌈예마셍 훈기둡
쌈예 사원은 지음 없이 저절로 생겼고

རྒྱལ་པོའི་དགོངས་པ་མཐར་ཕྱིན་མཛད༔ 걀뾔공빠 타르친재
왕의 뜻하는 바 성취하여 주셨네.

སྙེས་མཆོག་གསུམ་གྱི་མཚན་ཡང་གསོལ༔ 께촉쑴기 챈양쐴
세 가지 빼어난 이름 또한 지니시니

གཅིག་ནི་པདྨ་འབྱུང་གནས་ཞེས༔ 찍니 빼마즁내세
하나는 연꽃에서 생겨난 자이고

གཅིག་ནི་པདྨ་སམྦྷ་ༀ༔ 찍니 빠드마쌈바와
하나는 빠드마쌈바와라고 부르며

གཅིག་ནི་མཚོ་སྐྱེས་རྡོ་རྗེ་ཞེས༔ 찍니 초께도제세
하나는 연못에서 태어난 금강이라 부르고

གསང་མཚན་རྡོ་རྗེ་དྲག་པོ་རྩལༀ   쌍챈도제 닥뽀쩰
비밀의 이름은 도제 닥뽀라네.

ཐུགས་རྗེས་བདག་ལ་བྱིན་གྱིས་རློབསༀ   툭제닥라 진기롭
자비로서 저에게 가피를 내려주소서.

བརྩེ་བས་བདག་སོགས་ལམ་སྣ་དྲོངསༀ   쩨왜 닥쏙 람나동
사랑으로 저희들이 도에 들어가게 하시고

དགོངས་པས་བདག་ལ་དངོས་གྲུབ་སྩོལༀ   공빼닥라 응외둡쩔
지혜로서 제가 성취를 이루게 하소서.

ནུས་པས་བདག་སོགས་བར་ཆད་སོལༀ   뉘빼닥쏙 바르체 쐴
위신력으로 저희들 장애를 소멸해주소서.

ཕྱི་ཡི་བར་ཆད་ཕྱི་རུ་སོལༀ   치이 바르체 치루쐴
밖에서 오는 외부장애를 소멸해주시고

ནང་གི་བར་ཆད་ནང་དུ་སོལༀ   낭기 바르체 낭두쐴
안으로부터 오는 내부장애를 소멸해주시며

གསང་བའི་བར་ཆད་དབྱིངས་སུ་སོལཿ 쌍왜 바르체 잉쑤쐴
비밀한 장애를 법계로 사라지게 하소서.

གུས་པས་ཕྱག་འཚལ་སྐྱབས་སུ་མཆིཿ 귀빼착찰 꺕수치
지극한 마음으로 정례하며 귀의합니다.

ༀ་ཨཱཿཧཱུྃ་བཛྲ་གུ་རུ་པདྨ་སིདྡྷི་ཧཱུྃཿ 옴아훔 반자 구루 뻬마 씻디 훔!
옴아훔 반자 구루 뻬마 씻디 훔!

བསམ་ཡས་མཆིམས་ཕུར་སྒྲུབ་པ་མཛད༔ 쌈예 침푸르 둡빠재
쌈예 침푸에서 성취하실 때에

རྐྱེན་ངན་ཟློག་ཅིང་དངོས་གྲུབ་གནངཿ 껜응앤독찡 외둡낭
악연을 물리치고 성취를 내리셨으니

རྗེ་བློན་ཐར་པའི་ལམ་ལ་བཀོདཿ 제론타르빼 람라꾀
왕과 신하들 해탈도에 안주케 하시고

གདོན་གཟུགས་བོན་གྱི་བསྟན་པ་བསྣུབསཿ 된쑥뵌기 땐빠눕
삿된 본교의 가르침 제압하셨네.

ཆོས་སྐུ་དྲི་མེད་རིན་ཆེན་བསྟན༔ 최꾸디메 린첸땐
청정무구한 보배의 법신 보이시고

སྐལ་ལྡན་སངས་རྒྱས་ས་ལ་བཀོད༔ 깰댄쌍계 싸라꾀
선근 있는 이들을 부처의 지위에 이르게 하셨네.

ཐུགས་རྗེས་བདག་ལ་བྱིན་གྱིས་རློབས༔ 툭제닥라 진기롭
자비로서 저에게 가피를 내려주소서.

བརྩེ་བས་བདག་སོགས་ལམ་སྣ་དྲོངས༔ 쩨왜 닥쏙 람나동
사랑으로 저희들이 도에 들어가게 하시고

དགོངས་པས་བདག་ལ་དངོས་གྲུབ་སྩོལ༔ 공빼닥라 응외둡쫄
지혜로서 제가 성취를 이루게 하소서.

ནུས་པས་བདག་སོགས་བར་ཆད་སོལ༔ 뉘빼닥쏙 바르체 쐴
위신력으로 저희들 장애를 소멸해주소서.

ཕྱི་ཡི་བར་ཆད་ཕྱི་རུ་སོལ༔ 치이 바르체 치루쐴
밖에서 오는 외부장애를 소멸해주시고

ནང་གི་བར་ཆད་ནང་དུ་སོལཿ 낭기 바르체 낭두쐴
안으로부터 오는 내부 장애를 소멸해주시며

གསང་བའི་བར་ཆད་དབྱིངས་སུ་སོལཿ 쌍왜 바르체 잉쑤쐴
비밀한 장애를 법계로 사라지게 하소서.

གུས་པས་ཕྱག་འཚལ་སྐྱབས་སུ་མཆིཿ 귀뻬착찰 깝수치
지극한 마음으로 정례하며 귀의합니다.

ༀ་ཨཱཿཧཱུྃ་བཛྲ་གུ་རུ་པདྨ་སིདྡྷི་ཧཱུྃཿ 옴아훔 반자 구루 뻬마 씻디 훔!
옴아훔 반자 구루 뻬마 씻디 훔!

དེ་ནས་ཨོ་རྒྱན་ཡུལ་དུ་བྱོནཿ 데내 외갠 율두쬔
그러고 나서 외겐국에 가시어

ད་ལྟ་སྲིན་པོའི་ཁ་གནོན་མཛདཿ 다따씬뾔 카뇐재
즉시 나찰들을 조복하시니

མི་ལས་ལྷག་གྱུར་ཡ་མཚན་ཆེཿ 미래학규르 야챈체
사람보다 수승하고 희유하신 분이시라

154   보리심 기도문

སྤྱོད་པ་རྨད་བྱུང་ངོ་མཚར་ཆེ༔ 최빠메중 응오차르체
당신의 행 희유하고 수승하시네.

མཐུ་དང་རྫུ་འཕྲུལ་སྟོབས་པོ་ཆེ༔ 투당주튈 똡뽀체
위신력과 기적의 큰 힘을 갖추신 분이시여!

ཐུགས་རྗེ་བདག་ལ་བྱིན་གྱིས་རློབས༔ 툭제닥라 진기롭
자비로서 저에게 가피를 내려주소서.

བརྩེ་བས་བདག་སོགས་ལམ་སྣ་དྲོངས༔ 쩨왜 닥쏙 람나동
사랑으로 저희들이 도에 들어가게 하시고

དགོངས་པས་བདག་ལ་དངོས་གྲུབ་སྩོལ༔ 공빼닥라 응외둡쫼
지혜로서 제가 성취를 이루게 하소서.

ནུས་པས་བདག་སོགས་བར་ཆད་སོལ༔ 뉘빼닥쏙 바르체 쐴
위신력으로 저희들 장애를 소멸해주소서.

ཕྱི་ཡི་བར་ཆད་ཕྱི་རུ་སོལ༔ 치이 바르체 치루쐴
밖에서 오는 외부장애를 소멸해주시고

ནང་གི་བར་ཆད་ནང་དུ་སོལ༔ 낭기 바르체 낭두쐴
안으로부터 오는 내부 장애를 소멸해주시며

སང་བའི་བར་ཆད་དབྱིངས་སུ་སོལ༔ 쌍왜 바르체 잉쑤쐴
비밀한 장애를 법계로 사라지게 하소서.

གུས་པས་ཕྱག་འཚལ་སྐྱབས་སུ་མཆི༔ 귀빼착찰 깝수치
지극한 마음으로 정례하며 귀의합니다.

ཨོཾ་ཨཱཿཧཱུྃ་བཛྲ་གུ་རུ་པདྨ་སིདྡྷི་ཧཱུྃ༔ 옴아훔 반자 구루 뻬마 씻디 훔!
옴아훔 반자 구루 뻬마 씻디 훔!

སྐུ་གསུང་ཐུགས་ལྡན་འགྲོ་བ་འདྲེན་པའི་དཔལ༔ 꾸쑹툭댄 도와덴빼 뺄
신구의로 중생을 이끄시는 위엄이시며

སྒྲིབ་པ་ཀུན་སྤངས་ཁམས་གསུམ་ས་ལེར་མཁྱེན༔ 딥빠꾼빵 캄쑴 싸레르켄
모든 허물을 여위고 삼계를 다 아시는

དངོས་གྲུབ་མཆོག་བརྙེས་བདེ་ཆེན་མཆོག་གི་སྐུ༔ 응외둡촉녜 데첸촉기꾸
최고의 성취를 이룬 지복 최상의 몸

བྱང་ཆུབ་སྒྲུབ་པའི་བར་ཆད་ངེས་པར་སེལༀ 장춥둡빼 바르체 응애빠르셀
깨달음에 장애되는 것 완전히 소멸하셨네.

ཐུགས་རྗེ་བདག་ལ་བྱིན་གྱིས་རློབསༀ 툭제닥라 진기롭
자비로서 저에게 가피를 내려주소서.

བརྩེ་བས་བདག་སོགས་ལམ་སྣ་དྲོངསༀ 쩨왜 닥쏙 람나동
사랑으로 저희들이 도에 들어가게 하시고

དགོངས་པས་བདག་ལ་དངོས་གྲུབ་སྩོལༀ 공빼닥라 응외둡쬘
지혜로서 제가 성취를 이루게 하소서.

ནུས་པས་བདག་སོགས་བར་ཆད་སོལༀ 뉘빼닥쏙 바르체 쐴
위신력으로 저희들 장애를 소멸해주소서.

ཕྱི་ཡི་བར་ཆད་ཕྱི་རུ་སོལༀ 치이 바르체 치루쐴
밖에서 오는 외부장애를 소멸해주시고

ནང་གི་བར་ཆད་ནང་དུ་སོལༀ 낭기 바르체 낭두쐴
안으로부터 오는 내부 장애를 소멸해주시며

གསང་བའི་བར་ཆད་དབྱིངས་སུ་སོལ༔ 쌍왜 바르체 잉쑤쐴
비밀한 장애를 법계로 사라지게 하소서.

གུས་པས་ཕྱག་འཚལ་སྐྱབས་སུ་མཆི༔ 귀빼착찰 깝수치
지극한 마음으로 정례하며 귀의합니다.

ༀཨཱཿཧཱུྃ་བཛྲ་གུ་རུ་པདྨ་སིདྡྷི་ཧཱུྃ༔ 옴아훔 반자 구루 뻬마 씻디 훔!

옴아훔 반자 구루 뻬마 씻디 훔!

ༀཨཱཿཧཱུྃ་བཛྲ་གུ་རུ་པདྨ་ཐོད་ཕྲེང་རྩལ་བཛྲ་ས་མ་ཡ་ཛཿསིདྡྷི་པ་ལ་ཧཱུྃ་ཨཱ༔
옴아훔 반자 구루 뻬마 퇴탱쩰 반자 싸마야자 씻디 파라훔 아!

●

이 기도문은 특별히 티베트어와 우리말 음사를 함께 병행해 적었다.
티베트 사람들은 이 기도문을 매일 간절하게 암송한다.
우리 사바세계 거친 삶에 장애를 없애달라는 발원문이기도 하지만,
소리 내어 읽다보면 묘한 감응과 신심이 가슴에서 우러나기 때문이다.
처음에는 티베트 발음이 원만하지 않을 것이다. 하지만 반복해서
읽다보면 어느 날부터 자연스럽게 흡사 티베트 사람인양
기도가 되는 게 참으로 신통하다.

불법이
흥성하기를
기원하는
기도

보리심 기도문

비바시불, 시기불, 비사부불, 구류손불, 구나함불,
가섭불, 고따마 석가모니불
일곱 영웅께 예경합니다.

과거, 제가 중생을 위해 안락을 포기하고
애쓴 모든 공덕에 의해 불법이 길이 융성하게 하소서!
과거, 제가 아픈 이들을 위해 헌신하고
곤경에 처한 이들을 도운 공덕에 의해 불법이 길이
융성하게 하소서!
아들과 딸, 아내, 재물, 코끼리와 수레 등을 깨달음을 위해
보시한 공덕에 의해
불법이 길이 융성하게 하소서!
제가 부처님, 독각, 성문 남녀, 선인들께
공양 올린 공덕에 의해 불법이 길이 융성하게 하소서!
제가 수천 만겁 동안 온갖 고난을 무릅쓰고
깨닫기 위해 법을 듣고자 애쓴 공덕에 의해 불법이
길이 융성하게 하소서!

계율과 서약을 지키고 오랫동안 수행하며

시방의 부처님들께 공양 올린 공덕으로

불법이 길이 융성하게 하소서!

과거, 제가 정진과 함께 항상 신뢰하고

바라밀을 수행한 공덕으로

모든 중생이 해탈할 수 있도록 불법이 길이 융성하게 하소서!

언제나 인욕을 실천하며

중생들이 번뇌로 인해 악행을 행할지라도

인내한 공덕으로 불법이 길이 융성하게 하소서!

사선정, 팔해탈, 무색정, 갠지스 강의 모래와 같은

선정을 닦은 공덕으로

불법이 길이 융성하게 하소서!

과거, 제가 지혜를 얻기 위해

고행 숲에 의지하며 많은 논서를 배운 공덕으로

불법이 길이 융성하게 하소서!

자비로운 마음으로 살과 피와 온몸을 내어주고 목

숨까지 베푼 공덕으로

올바른 법이 융성하게 하소서!

과거, 제가 악한 중생들을

자애로운 마음으로 안내하여 성숙시키고 삼승으로

보리심 기도문

인도한 공덕으로

법의 보시가 융성하게 하소서!

과거, 제가 방편을 알아서

중생들을 잘못된 견해에서 벗어나게 하고 바른

견해로 인도한 공덕으로

정법이 융성하게 하소서!

사섭법을 통해 중생들이

번뇌의 불에서 벗어나게 하고

넘쳐나는 악업을 제압한 공덕으로 제가 윤회계에

오래 머물게 하소서.

많은 외도들을 잘못된 견해의 강에서 건져내고

바른 견해로 인도한 공덕으로 거듭거듭

제가 윤회하게 하소서.

저와 다른 이들이 삼세에 쌓은 자량에 의해

법왕 쫑카파의 가르침이 길이 융성하게 하소서.

성스러운
나란다
17논사께 올리는
기원문

석가모니불

모든 중생 위하는 대자대비를 내시고

단(斷),증(證), 구제 공덕 갖추신 최고의 구제주, 천신 중의 신

연기법을 설해 중생 인도하시는

설법자 중의 태양이신 부처님께 머리 숙여 예경하옵니다.

1

용수(龍樹, Nagarjuna) 보살

반야경의 뜻인 양변 여읜 진여의 이치를

심오한 연기법의 논리로 밝히신 지자

부처님께서 중관 전통의 개조(開祖)로 예언하신

나가르주나 용수 보살의 발아래 간절히 청하옵니다.

2

성천(聖天, Aryadeva) 보살

용수 보살의 수제자로 지혜의 성취자자이며

최고의 도인 외도와 불교도의 바다와 같은

모든 견해 통달하고

용수 보살의 가르침 지닌 이들 가운데 으뜸이신

아리야데바 성천 보살의 발아래 간절히 청하옵니다.

3

불호(佛護, Buddhapalita) 보살

두 분의 성자가 밝히신 연기법의 궁극적인 뜻

일체법이 가유(假有)라는 심오한 요지 밝혀

비할 데 없는 최상의 경지에 도달하신

붓다빨리따 불호 보살의 발아래 간절히 청하옵니다.

4

청변(淸辨, Bhavaviveka) 보살

사물의 실체를 자생(自生) 등으로 논파하여

공통적인 량(量)과 외경(外境)을 인정하는

종의(宗義)를 창시하신 위대한 스승

바와비베까 청변 보살의 발아래 간절히 청하옵니다.

5

월칭(月稱, Chandrakirti) 보살

오직 연기법에 의지해서 양극단 여읜

진속 이제 아우르는 광대하고 깊은 중관 견해와

현과 밀을 모두 갖춘 완전한 길을 널리 펼치신 스승

찬드라끼르띠 월칭 보살의 발아래 간절히 청하옵니다.

보리심 기도문

6

적천(寂天, Shantideva) 보살

경이롭고 수승한 대자비의 길을

심오하고 광대한 수많은 논리로서

선연의 유정들에게 설해주신 뛰어난 스승

샨티데바 적천 보살의 발아래 간절히 청하옵니다.

7

적호(寂護, Shantarakshita) 보살

제자의 근기에 따라 능소이공(能所二空) 중도의 전통 여시고

중관학과 인명학의 이치 탁월하게 설명하시며

설산의 나라 티베트에 불법 널리 펼치신 대학자

샨타락시따 적호 보살의 발아래 간절히 청하옵니다.

8

연화계(蓮華戒, Kamalashila) 보살

양극단 여윈 중도와 지관쌍수(止觀雙修) 수습차제를

현교와 밀교의 뜻에 따라 훌륭하게 해설하시고

설산의 나라 티베트에 잘못된 길 막아 정법을 밝혀주신

까말라쉴라 연화계 보살의 발아래 간절히 청하옵니다.

9

무착(無着, Asaga) 보살

미륵보살의 가르침에 따라 대승경전을

바르게 펼치는 데 뛰어나 광대한 도를 보여주시니

부처님께서 유식 전통의 개조로 수기하신

아상가 무착 보살의 발아래 간절히 청하옵니다.

10

세친(世親, Vasubandhu) 보살

아비달마 칠론과 능소이공의 견해 지니고

유부, 경부, 유식의 종의를 밝혀

제 2의 부처로 알려지신 최고의 지자

아사리 바수반두 세친 보살의 발아래 간절히 청하옵니다.

11

진나(陣那, Dinnaga) 보살

부처님의 말씀을 타당한 논리로 설하시기에

수많은 논리학의 백 가지 문을 바르게 열어

지혜의 눈을 주신 논리학의 대스승

딕나가 진나 보살의 발아래 간절히 청하옵니다.

12

법칭(法稱, Dharmakirt) 보살

불교 내외 인명학(因明學)의 모든 요지 통달하고

경부와 유식의 광대하고 심오한 모든 수행법

논리로 깨닫게 하여 수승한 법의 이치 가르쳐주신

다르마끼르띠 법칭 보살의 발아래 간절히 청하옵니다.

13

성해탈군(聖解脫軍, Araya Vimuktisena) 보살

무착 보살과 세친 보살로부터 전수된 반야경의 뜻

유무 양변 떠난 중관학파의 견해대로

현관장엄론의 의미 해석해 등불 밝혀주신

아리야 위묵띠세나 성해탈군 보살의 발아래

간절히 청하옵니다.

14

사자현(獅子賢, Haribhadra) 보살

반야경의 뜻을 밝힐 이라는 부처님의 수기 받아

미륵존의 구결 가르침에 따라서

광중략의 삼종 반야경●01의 뜻을 선명하게 밝히신

하리바드라 사자현보살의 발아래 간절히 청하옵니다.

15

공덕광(功德光, Gunaprabha) 보살

십만 부 율장의 뜻을 바르게 요약해

설일체유부의 견해 바탕으로 별해탈계를 집성하고

착오 없이 수지하고 최고의 율사이신

구나쁘라바 공덕광 보살의 발아래 간절히 청하옵니다.

16

석가광(釋迦光, Shakyaprabha) 보살

보배로운 계정혜 삼학 통달하시고

청정한 계율의 전통 오래 보존하기 위해

율장의 뜻 훌륭하게 설하신 최고의 율사

샤꺄쁘라바 석가광보살의 발아래 간절히 청하옵니다.

17

아띠샤(Atisha Dipankara Shrijnana) 대사

광대하고 깊은 부처님의 모든 가르침의 체계를

세 가지 근기 따라 삼사도(三士道)로 묶어서

설산의 나라 티베트에 불법을 널리 펼치신

은혜로운 아띠샤 디팜까라의 발아래 간절히 청하옵니다.

이처럼 세상의 장엄이신 최고의 지자이며

경이롭고 바른 가르침의 근원이신 스승님들께

변함없는 신심으로 간청 드리오니

제 마음 성숙되어 윤회에서 벗어나게 가피하소서.

속제와 진제로 존재하는 뜻을 알기에

사성제로 윤회와 해탈의 이치 바르게 깨달아

바른 지식으로 생긴 삼보에 대한 견고한 믿음으로

해탈의 길 확립할 수 있게 가피하소서.

고제와 집제 완전히 소멸한
해탈을 구하는 출리심과
일체중생 구제하려는 한량없는 자비심을 바탕으로
보리심을 견고하게 증장토록 가피하소서.

위대한 스승들의 논서의 뜻을
문사수(聞思修)로 철저하게 배워 익혀서
현밀의 깊은 모든 수행의 요지를
속히 깨닫도록 가피하소서.

세세생생 계정혜 수행할 수 있는 몸을 바르게 얻어
교학과 수행으로 불법을 지니고 전하는데
위대한 스승들과 같이
정법 홍성 위해 공헌토록 가피하소서.

모든 승가 공동체는 문사수와 설법 등
교학과 수행에 끊임없이 정진하여
삿된 업을 여읜 바른 현자와 성인들이 늘어나
지구상에 항시 가득하게 가피하소서.

보리심 기도문

이와 같은 공덕으로 현밀의 도를 원만 구족하여
십지와 오도를 닦아 자타 이익 애씀 없이 이루는
부처님의 일체종지 속히 이루어
허공계가 다할 때까지 중생 위해 행하도록 하소서.

●
14대 달라이 라마 뗀진 갸초께서 쇠뱀해인
2001년 1월 15일 다람살라에서 지으시다.

---

01 광중략(廣中略)의 세 가지 반야경은 각각 『반야십만송』, 『반야이만오천송』, 『반야팔천
송』을 가리킨다.

일일
참회문

밀교 참회 경전
『무결점의 왕』중

해야 할 수행과 공양에 대한 준비가 부족했음을
위대한 스승님들 앞에서 참회합니다.
관상하면서 불필요하게 덧붙이거나 빠뜨린 것을
모든 본존 앞에서 참회합니다.
신성한 서약과 다짐을 게을리한 것을
사계(四界)의 공행모 앞에서 참회합니다.
또르마 공양을 계속 미뤄 온 것을
모든 호법신중 앞에서 참회합니다.
은혜를 갚지 못한 것을
삼세의 모든 부모님 앞에서 참회합니다.
사랑, 배려, 사마야가 부족했음을
모든 금강 도반 앞에서 참회합니다.
자비와 이타심이 부족함을
육도의 모든 중생 앞에서 참회합니다.
게을리하였던 독각승(獨覺乘)의 모든 계율, 모든 보살계,
만트라 불교 지명(持明)의 모든 사마야를 하나도
숨기지 않고 참회합니다.
지금부터 계율을 어기지 않고
삼세에 걸친 모든 악행과 무명을 참회하여
업장을 소멸하겠습니다.

신구의의 수승한 성취와 평범한 일상의 성취를

함께 가피하여 주옵소서.

●

세첸코리아 기도집에서 발췌

달라이 라마
성하님의
무병장수를
기원하는
회향 기도

눈의 나라 티베트

행복과 유익함의 근원

관자재보살 땐진 갸초

윤회가 다할 때까지 머물러주소서!

회향
기도

위대한 불보살님의 가피와 거짓 없는 연기법의 진실과
저의 간절한 기도의 힘으로 발원한 모든 것이
쉬이 이뤄지게 하소서!

문수보살께서 깨달으시고
보현보살께서도 깨달으신 것을
저 역시 실천하기 위해 선업을 오롯이 회향합니다.

삼세의 부처님들께서
회향 기도 가운데 가장 수승하다 하신
저의 모든 선근마저 보살행을 위해 온전히 회향합니다.

불법을 향해 잘못된 서원을 세우고
모략을 일삼는 인간과 인간이 아닌 무리
악한 언행을 일삼는 자들이
진실한 삼보의 힘으로 전부 소멸하리라!

티베트 사람들의 보리심 기도문

2021년 2월 8일 초판 1쇄 발행
2024년 10월 17일 초판 4쇄 발행

편역 청전
발행인 박상근(포泓) • 편집인 류지호 • 편집이사 양동민
편집 김재호, 양민호, 김소영, 최호승, 하다해, 정유리 • 디자인 쿠담디자인
제작 김명환 • 마케팅 김대현, 이선호 • 관리 윤정안
콘텐츠국 유권준, 김대우, 김희준
펴낸 곳 불광출판사 (03169) 서울시 종로구 사직로10길 17 인왕빌딩 301호
　　　대표전화 02) 420-3200 편집부 02) 420-3300 팩시밀리 02) 420-3400
　　　출판등록 제300-2009-130호(1979. 10. 10.)

ISBN 978-89-7479-892-5 (03220)

값 12,000원